甘泉铁路公司非正常接发列车指导程序

张学军　主编

北京交通大学出版社
·北京·

内 容 简 介

本书从车站组织非正常接发列车程序出发，结合现场设备实际情况，根据接发列车过程中可能出现的故障，按照接车和发车进行操作程序介绍，并对行车组织过程中出现的列车运行条件变化情况下如何组织行车进行说明。

本书体例规范，结构安排合理，以表格的形式将涉及的工种以及作业程序进行详细罗列，对现场使用率较高的调度命令等内容进行汇总，便于指导现场作业人员在非正常情况下接发列车，有利于提高非正常情况下作业组织的标准化能力，提升非正常情况下作业组织的安全性。

图书在版编目（CIP）数据

甘泉铁路公司非正常接发列车指导程序 / 张学军主编.—北京：北京交通大学出版社，2023.5

ISBN 978-7-5121-4944-1

Ⅰ．① 甘…　Ⅱ．① 张…　Ⅲ．① 铁路车站－车站作业　Ⅳ．① U292.15

中国国家版本馆 CIP 数据核字（2023）第 082257 号

甘泉铁路公司非正常接发列车指导程序
GANQUAN TIELU GONGSI FEIZHENGCHANG JIEFA LIECHE ZHIDAO CHENGXU

责任编辑：陈跃琴

出版发行：北京交通大学出版社　　　　　电话：010-51686414　　http://www.bjtup.com.cn
地　　址：北京市海淀区高粱桥斜街 44 号　邮编：100044
印 刷 者：北京虎彩文化传播有限公司
经　　销：全国新华书店
开　　本：185 mm×260 mm　　印张：7　　字数：170 千字
版 印 次：2023 年 5 月第 1 版　　2023 年 5 月第 1 次印刷
定　　价：88.00 元

本书如有质量问题，请向北京交通大学出版社质监组反映。对您的意见和批评，我们表示欢迎和感谢。
投诉电话：010-51686043，51686008；传真：010-62225406；E-mail：press@bjtu.edu.cn。

目 录

第一部分　设备故障接车

　　故障接车可分为红光带、道岔无表示、进站信号机故障、分路不良、全站停电等故障接车。接车时出现故障，如列车已经开出，无论是否开放信号，都应及时通知列车机外停车。车机联控标准中规定，机外停车需要值班员主动联控司机。出现故障后，首要任务是及时联控司机，而不能等到司机汇报接近后再联控司机。联控完司机并确认机车收到后，再进行后续作业组织。例如，当场间电路出现红光带或停电时，若需确认故障区段或场间线路空闲，两端车站应分别派人确认，并应走到能看到双方的位置，相互显示"好了"手信号。

一、进站信号机内方第一轨道区段（无岔区段）轨道电路出现红光带使用引导信号接车（见表1）

表1　接车程序（一）

作业程序		作业方法与步骤			事项要求
程序	项目	车站值班员	信号员	助理值班员	
一、接受预告	1.确认区间空闲	（1）听取发车站预告，按列车运行计划核对车次、时刻、命令、指示（必要时与列车调度员联系）			发车站："×（次）预告。"
		（2）根据表示灯、行车日志及各种行车表示牌，确认区间空闲，（眼看手指区间方向）口呼："×（站）区间空闲。"			使用计轴设备的，还应通过计轴设备确认区间空闲
	2.接受发车预告	（3）同意发车站预告："同意×（次）预告。"			同意列车预告后，按企业规定通知有关人员
		（4）填记或确认电子行车日志			不能使用电子行车日志时，填写纸质行车日志

续表

作业程序		作业方法与步骤			事项要求
程序	项目	车站值班员	信号员	助理值班员	
一、接受预告	2. 接受发车预告	(5) 确定接车线			如果助理值班员是在室外作业期间接到的通知,返回后,除按规定应擦(划)掉的内容外,应补填占线板(簿)。必要时与车站值班员联系
		(6) 通知信号员、助理值班员:"×(次)预告,×道停车[通过][到开]。"并听取复诵	(1) 复诵:"×(次)预告,×道停车[通过][到开]。"并填写占线板(簿)	(1) 复诵:"×(次)预告,×道停车[通过][到开]。"并填写占线板(簿)	
二、开放信号	3. 听取开车通知	(7) 复诵发车站开车通知:"×(次)(×点)(×分)开[通过]。"			发车站:"×(次)(×点)(×分)开[通过]。"
		(8) 填记或确认电子行车日志中的发车站发车时间和本站接车线			不能使用电子行车日志时,填写纸质行车日志
		(9) 通知信号员、助理值班员:"×(次)开过来(了)。"并听取复诵	(2) 复诵:"×(次)开过来(了)。"	(2) 复诵:"×(次)开过来(了)。"	
		(10) 按企业规定通知有关人员			
	4. 确认接车线	(11) 确认接车线路空闲,手指口呼:"×道空闲。"			停止调车作业时机和通知、应答、报告用语,由企业规定。当无影响进路的调车作业时,此项作业省略
		(12) 通知信号员:"停止影响进路的调车作业。"并听取报告	(3) 复诵:"停止影响进路的调车作业。"确认停止后报告:"影响进路的调车作业已停止。"		
	5. 开放信号	(13) 确认列车运行计划后,通知信号员:"×(次)×道停车[通过],开放信号。"听取复诵无误后,命令:"执行。"	(4) 复诵:"×(次)×道停车[通过],开放信号。"		列车通过时,应办理有关发车作业程序。车站值班员认为需指定延续进路或办理变通进路时,一并通知

作业程序		作业方法与步骤			事项要求
程序	项目	车站值班员	信号员	助理值班员	
二、开放信号	5.开放信号	（14）确认信号正确，眼看手指应答："×道进（出）站信号好（了）。"[通过时，应答："×道进（出）站信号好（了）。"]	（5）开放进站信号，口呼"进站"，点击（按下）始端按钮。需办理变通进路时，口呼"变通××"，点击（按下）相应变通按钮，口呼"×道"（正线通过时，口呼"出站"），点击（按下）终端按钮。设有延续进路时，口呼"延续××"，点击（按下）延续进路相应按钮。确认光带（表示灯）、信号显示正确，口呼"信号好（了）"		"变通××"中的"××"为按钮名称。"延续××"中的"××"为延续的按钮或线路名称
			（6）通过信号操作终端监视信号及进路表示		
三、故障处理	6.确认设备故障情况	（15）确认故障，应答："知道了。"	（7）向车站值班员报告："×行进站信号机内方第一轨道区段出现红光带，×行进站信号机关闭。"		
		（16）车机联控："×（次）×（站）机外停车。"			司机："×（次）×（站）机外停车，司机明白。"
		（17）通知助理值班员："×行进站信号机内方第一轨道区段出现红光带，现场检查。"（知道无岔区段名称也可以名称通知，助理值班员按规定复诵）		（3）复诵："×行进站信号机内方第一轨道区段出现红光带，现场检查。"	现场检查人员，按企业规定；或站长、车站值班员临时指定
		（18）听取报告后，应答："好（了）。"		（4）现场检查后报告："×行进站信号机内方第一轨道区段无机车车辆占用，无障碍物，无异状，线路空闲。"	

3

续表

作业程序		作业方法与步骤			事项要求
程序	项目	车站值班员	信号员	助理值班员	
三、故障处理	7. 报告	（19）向列车调度员报告："×（站）×行进站信号机内方第一轨道区段出现红光带，×（次）机外停车。"			列车调度员："知道了。"
		（20）向值班干部报告："×行进站信号机内方第一轨道区段出现红光带，到站监控。"			值班干部："知道了。"
	8. 通知登记	（21）通知工电部门："工务、电务，×（站）×行进站信号机内方第一轨道区段出现红光带。"			工务、电务："现场检查。"
		（22）填写《行车设备检查登记簿》			
		（23）听取工务、电务报告后应答："好（了），到站签认。"并确认工务、电务签认			工务报告："设备正常。" 电务报告："属设备故障，暂时无法修复。"
	9. 向列调报告设备情况	（24）报告列车调度员："×（站）×行进站信号机内方第一轨道区段出现红光带，工务报告设备正常，电务报告属设备故障，暂时无法修复，×（站）引导接车。"			列车调度员："知道了。"
	10. 作业准备	（25）通知作业人员上岗，确认值班干部上岗			
四、开放引导信号	11. 确认进路	（26）通知信号员："确认×道接车进路。"听取复诵无误后，命令："执行。"	（8）复诵："确认×道接车进路。"		
		（27）应答："好（了）。"	（9）确认进路：通过光带确认进路道岔位置正确，向车站值班员报告："×道接车进路确认好（了）。"		

续表

作业程序		作业方法与步骤			事项要求
程序	项目	车站值班员	信号员	助理值班员	
四、开放引导信号	12.开放引导信号	（28）在《行车设备检查登记簿》中登记使用引导信号有关内容			所有带有计数器号码的按钮在使用时应先登记后使用
		（29）通知信号员："×（次）×道停车，开放引导信号。"听取复诵无误后，命令："执行。"	（10）复诵："×（次）×道停车，开放引导信号。"		破封使用引导信号
		（30）确认信号正确，眼看手指应答："×道引导信号好（了）。"填写《行车设备检查登记簿》，登记使用后计数器号码变化	（11）开放引导信号，点击引导信号按钮，输入口令。确认光带、信号显示正确，（眼看手指）口呼："引导信号好（了）。"		
			（12）通过信号操作终端监视信号及进路表示		
		（31）车机联控："×（次）×（站）引导接车，×道停车，注意引导信号。"			司机："×（次）×（站）引导接车，×道停车，司机明白。"
五、接车	13.列车接近	（32）再次确认信号正确，眼看手指应答："×（次）接近。"	（13）接近语音提示，光带变红，再次确认信号开放正确，（眼看手指）口呼："×（次）接近。"		
		（33）通知助理值班员："×（次）接近，×道接车。"并听取复诵		（5）复诵："×（次）接近，×道接车。"	
	14.接送列车			（6）到企业规定地点接车	

续表

作业程序		作业方法与步骤			事项要求
程序	项目	车站值班员	信号员	助理值班员	
六、列车到达	15.列车到达		（14）通过信号操作终端监视进路、信号及列车进（出）站	（7）监视列车进站，于列车停妥后（货物列车未装列尾装置或列尾装置故障时，确认列车整列到达后）返回	
		（34）应答："好（了）。"	（15）通过信号操作终端确认列车整列进入接车线，口呼："×次到达[通过]，×（站）区间空闲。"		
		（35）填记行车日志或确认电子行车日志			
	16.报点	（36）填写《行车设备检查登记簿》，通知信号员："解锁×进路。"	（16）复诵："解锁×进路。"		破封使用人工解锁按钮
		（37）应答："好（了）。"填写《行车设备检查登记簿》	（17）点击总人工解锁按钮，输入口令。确认光带消失，报告车站值班员："×进路已解锁。"		记录使用后的计数器号码
		（38）通知发车站："×（次）（×点）×（分）到。"			发车站："×（次）（×点）×（分）到。"
		（39）计算机报点系统自动向列车调度员报点			不能自动报点时，向列车调度员报点："×（站）报点，×（次）（×点）×（分）到[通过]。"

二、进站信号机开放后接车线轨道电路出现红光带使用引导信号接车（见表2）

表2 接车程序（二）

作业程序		作业方法与步骤			事项要求
程序	项目	车站值班员	信号员	助理值班员	
一、接受预告	1.确认区间空闲	（1）听取发车站预告，按列车运行计划核对车次、时刻、命令、指示（必要时与列车调度员联系）			发车站："×（次）预告。"
		（2）根据闭塞表示灯、行车日志及各种行车表示牌确认区间空闲（手指区间方向）："×（站）区间空闲。"			使用计轴设备的，还应通过计轴设备确认区间空闲
	2.接受发车预告	（3）同意发车站预告："同意×（次）预告。"			同意列车预告后，按企业规定通知有关人员
		（4）填记或确认电子行车日志			不能使用电子行车日志时，填写纸质行车日志
		（5）确定接车线："×（次）接×道。"			
		（6）通知信号员、助理值班员："×（次）预告，×道停车[通过][到开]。"并听取复诵	（1）复诵："×（次）预告，×道停车[通过][到开]。"并填写占线板（簿）	（1）复诵："×（次）预告，×道停车[通过][到开]。"并填写占线板（簿）	如果助理值班员是在室外作业期间接到的通知，返回后，除按规定应擦（划）掉的内容外，应补填占线板（簿）。必要时，与车站值班员联系
二、开放信号	3.听取开车通知	（7）复诵发车站开车通知："×（次）（×点）×（分）开[通过]。"			发车站："×（次）（×点）×（分）开[通过]。"
		（8）填记或确认电子行车日志中的发车站发车时间和本站接车线			不能使用电子行车日志时，填写纸质行车日志
		（9）通知信号员及助理值班员："×（次）开过来（了）。"并听取复诵	（2）复诵："×（次）开过来（了）。"	（2）复诵："×（次）开过来（了）。"	
		（10）按企业规定通知有关人员			

续表

作业程序		作业方法与步骤			事项要求
程序	项目	车站值班员	信号员	助理值班员	
二、开放信号	4.确认接车线路	（11）确认接车线路空闲，手指口呼："×道空闲。"			
		（12）通知信号员："停止影响进路的调车作业。"并听取报告	（3）停止影响进路的调车作业，确认停止后报告		停止调车作业时机和通知、应答、报告用语，由企业规定。当无影响进路的调车作业时，此项作业省略
	5.开放信号	（13）确认列车运行计划后，通知信号员："×（次），×道停车[通过]，开放信号。"听取复诵无误后，命令："执行。"	（4）复诵："×（次），×道停车[通过]，开放信号。"		车站值班员认为需指定延续进路或办理变通进路时，一并通知
		（14）确认信号正确，眼看手指应答："×道进站信号好（了）。"	（5）开放进站信号，口呼"进站"，点击（按下）始端按钮。需办理变通进路时，口呼"变通××"，点击（按下）相应变通按钮，口呼"×道"（正线通过时，口呼"出站"），点击（按下）终端按钮。设有延续进路时，口呼："延续××"，点击（按下）延续进路相应按钮。确认光带（表示灯）、信号显示正确，口呼"信号好（了）"		"变通××"中的"××"为按钮名称。"延续××"中的"××"为延续的按钮或线路名称
			（6）通过信号操作终端监视信号及进路表示		
三、故障处理	6.确认设备故障情况	（15）确认故障，应答："知道了。"	（7）向车站值班员报告："×道出现红光带，×行进站信号机关闭。"		
		（16）车机联控："×（次）×（站）机外停车。"			司机："×（次）×（站）机外停车，司机明白。"
		（17）通知助理值班员："×道出现红光带，现场检查。"		（3）复诵："×道出现红光带，现场检查。"	现场检查人员，按企业规定，或由站长、车站值班员临时指定

作业程序		作业方法与步骤			事项要求
程序	项目	车站值班员	信号员	助理值班员	
三、故障处理	6.确认设备故障情况	（18）听取报告后，应答："好（了）。"		（4）现场检查后报告："×道无机车车辆占用，无障碍物，无异状，线路空闲。"	
	7.报告	（19）向列车调度员报告："×（站）×道出现红光带，×（次）机外停车。"			列车调度员："知道了。"
		（20）向值班干部报告："×道出现红光带，到站监控。"			值班干部："知道了。"
	8.通知登记	（21）通知工电部门："工务、电务，×（站）×道出现红光带。"			工务、电务："现场检查。"
		（22）填写《行车设备检查登记簿》			
		（23）听取工务、电务报告后应答："好（了），到站签认。"并确认工务、电务签认			工务报告："设备正常。" 电务报告："属设备故障，暂时无法修复。"
	9.向列调报告设备情况	（24）报告列车调度员："×（站）×道出现红光带，工务报告设备正常，电务报告属设备故障，暂时无法修复，×（站）引导接车。"			列车调度员："知道了。"
	10.作业准备	（25）通知作业人员上岗，确认值班干部上岗			
四、开放引导信号	11.确认进路	（26）通知信号员："确认×道接车进路。"听取复诵无误后，命令："执行。"	（8）复诵："确认×道接车进路。"		
		（27）应答："好（了）。"	（9）确认进路：通过光带确认进路道岔位置正确。向车站值班员报告："×道接车进路确认好（了）。"		

续表

作业程序		作业方法与步骤			事项要求
程序	项目	车站值班员	信号员	助理值班员	
四、开放引导信号	12. 开放引导信号	（28）填写《行车设备检查登记簿》，通知信号员："×（次）×道停车，开放引导信号。"听取复诵无误后，命令："执行。"	（10）复诵："×（次）×道停车，开放引导信号。"		破封使用引导信号
		（29）确认信号正确，眼看手指应答："×道引导信号好（了）。"	（11）开放引导信号，点击引导信号按钮，输入口令。确认光带、信号显示正确，（眼看手指）口呼："引导信号好（了）。"		
		（30）填写《行车设备检查登记簿》	（12）通过信号操作终端监视信号及进路表示		在《行车设备检查登记簿》中记录使用后的计数器号码
		（31）车机联控："×（次）×（站）引导接车，×道停车，注意引导信号。"			司机："×（次）×（站）引导接车，×道停车，注意引导信号，司机明白。"
五、接车	13. 列车接近	（32）再次确认信号正确，眼看手指应答："×（次）接近。"	（13）接近语音提示（接近铃响）、光带（表示灯）变红，再次确认信号开放正确，口呼："×（次）接近。"		
		（33）通知助理值班员："×（次）接近，×道接车。"并听取复诵		（5）复诵："×（次）接近，×道接车。"	
	14. 接送列车			（6）到企业规定地点接车	
六、列车到达	15. 列车到达		（14）通过信号操作终端监视进路、信号及列车进（出）站	（7）监视列车进站，于列车停妥后（货物列车未装列尾装置或列尾装置故障时，确认列车整列到达后）返回	

续表

作业程序		作业方法与步骤			事项要求
程序	项目	车站值班员	信号员	助理值班员	
六、列车到达	15.列车到达	（34）应答："好（了）。"	（15）通过信号操作终端确认列车整列进入接车线，口呼："×（次）到达[通过]，×（站）区间空闲。"		
		（35）填记或确认电子行车日志			不能使用电子行车日志时，填写纸质行车日志
	16.开通区间	（36）填记《行车设备检查登记簿》，通知信号员："解锁×进路。"	（16）复诵："解锁×进路。"		破封使用人工解锁按钮
		（37）应答："好（了）。"填写《行车设备检查登记簿》	（17）点击总人工解锁按钮，输入口令。确认光带消失，报告车站值班员："×进路已解锁。"		记录使用后的计数器号码
	17.报点	（38）通知发车站："×（次）（×点）（×分）到。"并听取复诵			发车站："×（次）（×点）（×分）到。"
		（39）计算机报点系统自动向列车调度员报点			不能自动报点时，向列车调度员报点："×（站）报点，×（次）（×点）×（分）到[通过]。"

三、进站信号机开放后接车进路道岔区段（道岔在所需位置）轨道电路出现红光带使用引导信号接车（见表3）

表3　接车程序（三）

作业程序		作业方法与步骤			事项要求
程序	项目	车站值班员	信号员	助理值班员	
一、接受预告	1.确认区间空闲	（1）听取发车站预告，按列车运行计划核对车次、时刻、命令、指示。（必要时与列车调度员联系）			发车站："×（次）预告。"
		（2）根据表示灯、行车日志及各种行车表示牌确认区间空闲（手指区间方向）："×（站）区间空闲。"			使用计轴设备的，还应通过计轴设备确认区间空闲

续表

作业程序		作业方法与步骤			事项要求
程序	项目	车站值班员	信号员	助理值班员	
一、接受预告	2.接受发车预告	（3）同意发车站预告："同意×（次）预告。"			同意列车预告后，按企业规定通知有关人员
		（4）填记或确认电子行车日志			不能使用电子行车日志时，填写纸质行车日志
		（5）确定接车线："×（次）接×道。"			
		（6）通知信号员、助理值班员："×（次）预告，×道停车[通过][到开]。"并听取复诵	（1）复诵："×（次）预告，×道停车[通过][到开]。"并填写占线板（簿）	（1）复诵："×（次）预告，×道停车[通过][到开]。"并填写占线板（簿）	如果助理值班员是在室外作业期间接到的通知，返回后，除按规定应擦（划）掉的内容外，应补填占线板（簿）。必要时，与车站值班员联系
二、开放信号	3.听取开车通知	（7）复诵发车站开车通知："×（次）（×点）×（分）开[通过]。"			发车站："×（次）（×点）×（分）开[通过]。"
		（8）填记行车日志或确认电子行车日志中的发车站发车时间和本站接车线			不能使用电子行车日志时，填写纸质行车日志
		（9）通知信号员、助理值班员："×（次）开过来（了）。"并听取复诵	（2）复诵："×（次）开过来（了）。"	（2）复诵："×（次）开过来（了）。"	
		（10）按企业规定通知有关人员			
	4.确认接车线	（11）确认接车线路空闲，手指口呼："×道空闲。"			停止调车作业时机和通知、应答、报告用语，由企业规定。当无影响进路的调车作业时，此项作业省略
		（12）通知信号员："停止影响进路的调车作业。"并听取报告	（3）停止影响进路的调车作业，确认停止后报告		

作业程序		作业方法与步骤			事项要求
程序	项目	车站值班员	信号员	助理值班员	
二、开放信号	5.开放信号	（13）确认列车运行计划后，通知信号员："×（次）×道停车，开放信号。"听取复诵无误后，命令："执行。"	（4）复诵："×（次）×道停车，开放信号。"		列车通过时，应办理有关发车作业程序。车站值班员认为需指定延续进路或办理变通进路时，一并通知
		（14）确认信号正确，眼看手指应答："×道进站信号好（了）。"通过时，应答："×道进、出站信号好（了）。"	（5）开放进站信号，口呼"进站"，点击（按下）始端按钮。需办理变通进路时，口呼"变通××。"点击（按下）相应变通按钮，口呼"×道"（正线通过时，口呼"出站"），点击（按下）终端按钮。设有延续进路时，口呼"延续××"，点击（按下）延续进路相应按钮。确认光带（表示灯）、信号显示正确，口呼："信号好（了）。"		"变通××"中的"××"为按钮名称。"延续××"中的"××"为延续的按钮或线路名称
			（6）通过信号操作终端监视信号及进路表示		
三、故障处理	6.确认设备故障情况	（15）确认故障，应答："知道了。"	（7）向车站值班员报告："×号道岔区段出现红光带，×行进站信号机关闭。"		
		（16）车机联控："×（次）×（站）机外停车。"			司机："×（次）×（站）机外停车，司机明白。"
		（17）通知助理值班员："×号道岔区段出现红光带，现场检查。"		（3）复诵："×号道岔区段出现红光带，现场检查。"	现场检查人员按企业规定，或站长、车站值班员临时指定

作业程序		作业方法与步骤			事项要求
程序	项目	车站值班员	信号员	助理值班员	
三、故障处理	6.确认设备故障情况	（18）听取报告后，应答："好（了）。"		（4）现场检查后报告："×号道岔区段无机车车辆占用，无障碍物，无异状，线路空闲。"	
	7.报告	（19）向列车调度员报告："×（站）×号道岔区段出现红光带，×（次）机外停车。"			列车调度员："知道了。"
		（20）向值班干部报告："×号道岔区段出现红光带，到站监控。"			值班干部："知道了。"
	8.通知登记	（21）通知工电部门："工务、电务，×（站）×号道岔区段出现红光带。"			工务、电务："现场检查。"
		（22）填写《行车设备检查登记簿》			
		（23）听取工务、电务报告后应答："好（了），到站签认。"并确认工务、电务签认			工务报告："设备正常。" 电务报告："属设备故障，暂时无法修复。"
	9.向列调报告设备情况	（24）报告列车调度员："×（站）×号道岔区段出现红光带，工务报告设备正常，电务报告属设备故障，暂时无法修复，×（站）引导接车。"			列车调度员："知道了。"
	10.作业准备	（25）通知作业人员上岗。确认值班干部上岗			
四、开放引导信号	11.准备进路	（26）通知信号员："×（次）×道停车，准备接车进路。"听取复诵无误后，命令："执行。"	（8）复诵："×（次）×道停车，准备接车进路。"		
		（27）应答："好（了）。"	（9）准备进路。将故障区段道室内加锁。向车站值班员报告："×道接车进路准备好（了）。"		

作业程序		作业方法与步骤			事项要求
程序	项目	车站值班员	信号员	助理值班员	
四、开放引导信号	11. 准备进路	（28）通知信号员："确认×道接车进路。"听取复诵无误后，命令："执行。"	（10）复诵："确认×道接车进路。"		
		（29）应答："好（了）。"	（11）确认进路。通过光带确认进路正确，故障区段道岔已加锁。向车站值班员报告："×道接车进路确认好（了）。"		
	12. 开放引导信号	（30）填写《行车设备检查登记簿》，通知信号员："×（次）×道停车，开放引导信号。"听取复诵无误后，命令："执行。"	（12）复诵："×（次）×道停车，开放引导信号。"		破封使用引导信号
		（31）确认信号正确，眼看手指应答："×道引导信号好（了）。"	（13）开放引导信号，点击引导信号按钮，输入口令。确认光带、信号显示正确，（眼看手指）口呼："引导信号好（了）。"		
		（32）填写《行车设备检查登记簿》			记录使用后的计数器号码
			（14）通过信号操作终端监视信号及进路表示		
		（33）车机联控："×（次）×（站）引导接车，×道停车，注意引导信号。"			司机："×（次）×（站）引导接车，×道停车，司机明白。"
五、接车	13. 列车接近	（34）再次确认信号正确，眼看手指应答："×（次）接近。"	（15）接近语音提示，光带变红，再次确认信号开放正确，（眼看手指）口呼："×（次）接近。"		
		（35）通知助理值班员："×（次）接近，×道接车。"并听取复诵		（5）复诵："×（次）接近，×道接车。"	
	14. 接列车			（6）到企业规定地点接车	

续表

作业程序		作业方法与步骤			事项要求
程序	项目	车站值班员	信号员	助理值班员	
六、列车到达	15.列车到达		（16）通过信号操作终端监视进路、信号及列车进（出）站	（7）监视列车进站，于列车停妥后（货物列车未装列尾装置或列尾装置故障时，确认列车整列到达后）返回	
		（36）应答："好（了）。"	（17）通过信号操作终端确认列车整列进入接车线，口呼："×（次）到达，×（站）区间空闲。"		使用计轴设备的，还应通过计轴设备确认区间空闲
		（37）填记或确认电子行车日志			不能使用电子行车日志时，填写纸质行车日志
	16.开通区间	（38）填记《行车设备检查登记簿》。通知信号员："解锁×进路。"	（18）复诵："解锁×进路。"		破封使用人工解锁按钮
		（39）应答："好（了）。"填写《行车设备检查登记簿》	（19）点击总人工解锁按钮，输入口令。确认光带消失，报告车站值班员："×进路已解锁。"		记录使用后的计数器号码
	17.报点	（40）通知发车站："×（次）（×点）×（分）到。"			发车站："×（次）（×点）×（分）到。"
		（41）计算机报点系统自动向列车调度员报点			不能自动报点时，向列车调度员报点："×（站）报点，×（次）（×点）×（分）到。"

注：上述流程为开放信号后进路中出现红光带的处理流程，接车进路中的无岔区段、有岔区段及接车股道区段出现红光带的处理办法都可比照该流程，有岔区段应单独锁闭对应道岔。

如果该类故障出现在开放信号前，处理流程中还应增加准备进路环节，能通过控制台操作的，应将不在所需位置的道岔单操至所需位置；不能通过控制台操作的，应通知电务人员，破封取出手摇把，现场将道岔摇至所需位置。室内外进路全部准备妥当并确认无误后，方可开放引导信号。如果故障出现在进站信号机内方第一无岔区段，还需注意：引导信号开放后，信号不能保留，必须不间断按压进路始端按钮，待列车头部越过进站信号机后停止按压；否则，引导信号会在倒计时后自动熄灭，无法点击始端直接将信号补亮，需要重新破封，使用引导信号按钮再次开放信号。

四、进站信号机开放后允许信号断丝使用引导信号接车（见表4）

表4 接车程序（四）

作业程序		作业方法与步骤			事项要求
程序	项目	车站值班员	信号员	助理值班员	
一、接受预告	1.确认区间空闲	（1）听取发车站预告，按列车运行计划核对车次、时刻、命令、指示。（必要时，与列车调度员联系）			发车站："×（次）预告。"
		（2）根据表示灯、行车日志及各种行车表示牌确认区间空闲，（眼看手指区间方向）口呼："×（站）区间空闲。"			使用计轴设备的，还应通过计轴设备确认区间空闲
	2.接受发车预告	（3）同意发车站预告："同意×（次）预告。"			同意列车预告后，按企业规定通知有关人员
		（4）填记或确认电子行车日志			不能使用电子行车日志时，填写纸质行车日志
		（5）确定接车线			
		（6）通知信号员、助理值班员："×（次）预告，×道停车[通过][到开]。"并听取复诵	（1）复诵："×（次）预告，×道停车[通过][到开]。"并填写占线板（簿）	（1）复诵："×（次）预告，×道停车[通过][到开]。"并填写占线板（簿）	如果助理值班员是在室外作业期间接到的通知，返回后，除按规定应擦（划）掉的内容外，应补填占线板（簿）。必要时，与车站值班员联系
二、开放信号	3.听取开车通知	（7）复诵发车站开车通知："×（次）（×点）×（分）开[通过]。"			
		（8）填记或确认电子行车日志中的发车站发车时间和本站接车线			不能使用电子行车日志时，填写纸质行车日志

续表

作业程序		作业方法与步骤			事项要求
程序	项目	车站值班员	信号员	助理值班员	
	3.听取开车通知	（9）通知信号员及助理值班员："×（次）开过来（了）。"并听取复诵	（2）复诵："×（次）开过来（了）。"	（2）复诵："×（次）开过来（了）。"	
		（10）按企业规定通知有关人员			
	4.确认接车线	（11）确认接车线路空闲，手指口呼："×道空闲。"			
		（12）通知信号员停止影响进路的调车作业并听取报告	（3）停止影响进路的调车作业，确认停止后报告		停止调车作业时机和通知、应答、报告用语，由企业规定。当无影响进路的调车作业时，此项作业省略
二、开放信号	5.开放信号	（13）确认列车运行计划后，通知信号员："×（次）×道停车[通过]，开放信号。"听取复诵无误后，命令："执行。"	（4）复诵："×（次）×道停车[通过]，开放信号。"		列车通过时，应办理有关发车作业程序。 车站值班员认为需指定延续进路或办理变通进路时，一并通知
		（14）确认信号正确，应答："×道进站信号好（了）。"[通过时，应答："×道进、出站信号好（了）。"]	（5）开放进站信号，口呼"进站"，点击（按下）始端按钮。需办理变通进路时，口呼"变通××"，点击（按下）相应变通按钮，口呼"×道"（正线通过时，口呼"出站"），点击（按下）终端按钮。设有延续进路时，口呼"延续××"，点击（按下）延续进路相应按钮。确认光带（表示灯）、信号显示正确，口呼："信号好（了）。"		"变通××"中的"××"为按钮名称。 "延续××"中的"××"为延续的按钮或线路名称

续表

作业程序		作业方法与步骤			事项要求
程序	项目	车站值班员	信号员	助理值班员	
三、故障处理	6.确认设备故障情况		（6）通过信号操作终端监视信号及进路表示		
		（15）确认故障，应答："知道了。"	（7）听到"灯丝断丝"语音报警后，用鼠标点击站名处，停止语音提示，向车站值班员报告："灯丝断丝报警，×行进站信号机关闭。"		信号员在汇报故障时，应讲清故障地点及影响范围
		（16）通知信号员："再次开放进站信号。"听取复诵无误后，命令："执行。"	（8）复诵："再次开放进站信号。"		此操作是试验是否灯丝双断，现有设备是LED发光盘设备，在执行该项任务时根据实际情况确定
		（17）确认后应答："好（了）。"	（9）再次开放进站信号，口呼"进站。"按下始端按钮，确认无法开放，通知车站值班员："进站信号机开放不了。"		补开信号只需点击始端按钮
		（18）车机联控："×（次）×（站）机外停车。"			司机："×（次）×（站）机外停车，司机明白。"
	7.报告	（19）向列车调度员报告："×（站）×行进站信号机故障，×（次）机外停车。"			列车调度员："知道了。"
		（20）向值班干部报告："×行进站信号机故障，到站监控。"			值班干部："知道了。"
	8.登记通知	（21）通知电务工区："电务，×（站）×行进站信号机故障。"			电务："现场检查。"
		（22）填写《行车设备检查登记簿》			
		（23）听取电务报告后应答："好，到站签认。"并确认电务签认			电务报告："属设备故障，暂时无法修复。"

续表

作业程序		作业方法与步骤			事项要求
程序	项目	车站值班员	信号员	助理值班员	
三、故障处理	9.向列调报告设备情况	（24）报告列车调度员："×（站）×行进站信号机故障，电务报告属设备故障，暂时无法修复，×（站）引导接车。"			列车调度员："知道了。"车站值班员需要注意，能开放固定引导信号的，均不需要申请引导接车调度命令，引导手信号接车需要调度命令
	10.作业准备	（25）通知作业人员上岗，确认值班干部上岗			
四、开放引导信号	11.确认进路	（26）通知信号员："确认×道接车进路。"听取复诵无误后，命令："执行。"	（10）复诵："确认×道接车进路。"		
		（27）应答："好（了）。"	（11）确认进路：通过光带确认进路道岔位置正确，向车站值班员报告："×道接车进路确认好（了）。"		
	12.开放引导信号	（28）在《行车设备检查登记簿》中登记使用引导信号相关内容			破封使用引导信号
		（29）通知信号员："×（次）×道停车，开放引导信号。"听取复诵无误后，命令："执行。"	（12）复诵："×（次）×道停车，开放引导信号。"		
		（30）确认信号正确，眼看手指应答："×道引导信号好（了）。"	（13）开放引导信号，点击引导信号按钮，输入口令。确认光带、信号显示正确，（眼看手指）口呼："引导信号好（了）。"		使用后计数器号码应记入《行车设备检查登记簿》
		（31）填写《行车设备检查登记簿》	（14）通过信号操作终端监视信号及进路表示		
		（32）车机联控："×（次）×（站）引导接车，×道停车，注意引导信号。"			司机："×（次）×（站）引导接车，×道停车，司机明白。"

作业程序		作业方法与步骤			事项要求
程序	项目	车站值班员	信号员	助理值班员	
五、接车	13.列车接近	（33）再次确认信号正确，眼看手指应答："×（次）接近。"	（15）接近语音提示（接近铃响）、光带（表示灯）变红，再次确认信号开放正确，口呼："×（次）接近。"		
		（34）通知助理值班员："×（次）接近，×道接车。"并听取复诵		（3）复诵："×（次）接近，×道接车。"	
	14.接送列车			（4）到企业规定地点接车	
六、列车到达（通过）	15.列车到达（通过）		（16）通过信号操作终端监视进路、信号及列车进（出）站	（5）监视列车进站，于列车停妥后（货物列车未装列尾装置或列尾装置故障时，确认列车整列到达后）返回。通过列车，于列车尾部越过接车地点，确认列车尾部表示后返回	
		（35）应答："好（了）。"	（17）通过信号操作终端确认列车整列进入（通过）接车线，区间空闲。口呼："×（次）到达[通过]，×（站）区间空闲。"		使用计轴设备的，还应通过计轴设备确认区间空闲
		（36）对通过列车通知接车站："×（次）（×点）×（分）通过，并听取复诵。"			
		（37）填记行车日志或确认电子行车日志			不能使用电子行车日志时，填写纸质行车日志
	16.解锁进路	（38）填记《行车设备检查登记簿》，通知信号员："解锁×进路。"	（18）复诵："解锁×进路。"		破封使用人工解锁按钮

续表

作业程序		作业方法与步骤			事项要求
程序	项目	车站值班员	信号员	助理值班员	
六、列车到达（通过）	16.解锁进路	（39）应答："好（了）。"填写《行车设备检查登记簿》	（19）点击总人工解锁按钮，输入口令。确认光带消失，报告车站值班员："×进路已解锁。"		记录使用后的计数器号码
	17.报点	（40）通知发车站："×（次）（×点）×（分）到。"			发车站："×（次）（×点）×（分）到。"
		（41）计算机报点系统自动向列车调度员报点			不能自动报点时，向列车调度员报点："×（站）报点，×（次）（×点）×（分）到[通过]。"

五、进站信号机开放后红灯双断丝熄灭引导员接车（见表5）

表5　接车程序（五）

作业程序		作业方法与步骤				事项要求
程序	项目	车站值班员	信号员	引导人员	助理值班员	
一、接受预告	1.确认区间空闲	（1）听取发车站预告，按列车运行计划核对车次、时刻、命令、指示。（必要时，与列车调度员联系）				发车站："×（次）预告。"
		（2）根据表示灯、行车日志及各种行车表示牌确认区间空闲（手指区间方向）："×（站）区间空闲。"				使用计轴设备的，还应通过计轴设备确认区间空闲
	2.接受发车预告	（3）同意发车站预告："同意×（次）预告。"				同意列车预告后，按企业规定通知有关人员
		（4）填记或确认电子行车日志				不能使用电子行车日志时，填写纸质行车日志
		（5）确定接车线："×（次）接×道。"				

续表

作业程序		作业方法与步骤				事项要求
程序	项目	车站值班员	信号员	引导人员	助理值班员	
一、 接受预告	2. 接受发车预告	（6）通知信号员、助理值班员："×（次）预告，×道停车[通过][到开]。"并听取复诵	（1）复诵："×（次）预告，×道停车[通过][到开]。"并填写占线板（簿）		（1）复诵："×（次）预告，×道停车[通过][到开]。"并填写占线板（簿）	如果助理值班员是在室外作业期间接到的通知，返回后，除按规定应擦（划）掉的内容外，应补填占线板（簿）。（必要时，与车站值班员联系。）
二、 开放信号	3. 听取开车通知	（7）复诵发车站开车通知："×（次）（×点）×（分）开。"				发车站："×（次）（×点）×（分）开。"
		（8）填记行车日志或确认电子行车日志中的发车站、发车时间和本站接车线				不能使用电子行车日志时，填写纸质行车日志
		（9）通知信号员、助理值班员："×（次）开过来（了）。"并听取复诵	（2）复诵："×（次）开过来（了）。"		（2）复诵："×（次）开过来（了）。"	
		（10）按企业规定通知有关人员				
	4. 确认接车线	（11）确认接车线路空闲，手指口呼："×道空闲。"				停止调车作业时机和通知、应答、报告用语，由企业规定。当无影响进路的调车作业时，此项作业省略
		（12）通知信号员："停止影响进路的调车作业。"并听取报告	（3）复诵："停止影响进路的调车作业。"确认停止后报告："影响进路的调车作业已停止。"			
	5. 开放信号	（13）确认列车运行计划后，通知信号员："×（次）×道停车[通过]，开放信号。"听取复诵无误后，命令："执行。"	（4）复诵："×（次）×道停车，开放信号。"			列车通过时，应办理有关发车作业程序。 车站值班员认为需指定延续进路或办理变通进路时，一并通知

续表

作业程序		作业方法与步骤				事项要求
程序	项目	车站值班员	信号员	引导人员	助理值班员	
二、开放信号	5. 开放信号	（14）确认信号正确，眼看手指应答："×道进站信号好（了）。"[通过时，应答："×道进、出站信号好（了）。"]	（5）开放进站信号，口呼"进站"，点击（按下）始端按钮。需办理变通进路时，口呼"变通××"，点击（按下）相应变通按钮，口呼"×道"（正线通过时，口呼"出站"），点击（按下）终端按钮。设有延续进路时，口呼"延续××"，点击（按下）延续进路相应按钮。确认光带（表示灯）、信号显示正确，口呼"信号好（了）"			"变通××"中的"××"为按钮名称。"延续××"中的"××"为延续的按钮或线路名称
			（6）通过信号操作终端监视信号及进路表示			
三、故障处理	6. 确认设备故障情况	（15）确认故障，应答："知道了。"	（7）听到"灯丝断丝"语音报警后，用鼠标点击站名处，停止语音提示，向车站值班员报告："×行进站信号机红灯断丝，进站信号机关闭。"			
		（16）车机联控："×（次）×（站）机外停车。"				司机："×（次）×（站）机外停车，司机明白。"
	7. 报告	（17）向列车调度员报告："×（站）×行进站信号机红灯断丝，×（次）机外停车。"				列车调度员："知道了。"
		（18）向值班干部报告："×行进站信号机红灯断丝，到站监控。"				值班干部："知道了。"
	8. 通知登记	（19）通知电务工区："电务，×（站）×行进站信号机红灯断丝。"				电务："现场检查。"
		（20）填写《行车设备检查登记簿》				

续表

作业程序		作业方法与步骤				事项要求
程序	项目	车站值班员	信号员	引导人员	助理值班员	
三、故障处理	8.通知登记	（21）听取电务报告后应答："好（了），到站签认。"并确认电务签认				电务报告属设备故障，暂时无法修复
	9.请求调度命令	（22）报告列车调度员："×（站）×行进站信号机红灯断丝，电务报告属设备故障，暂时无法修复，请求引导接车的调度命令。"				列车调度员："调度命令×号，调度员×××，人工引导接车。"新调规中规定只有人工引导接车才需要申请调度命令
		（23）复诵列车调度员的命令号码、姓名，填写《调度命令登记簿》，拟写调度命令				
	10.作业准备	（24）通知作业人员上岗，确认值班干部上岗				
四、引导接车	11.准备进路	（25）通知信号员："×（次）×道停车，准备进路。"	（8）复诵："×（次）×道停车，准备进路。"			夜间应在进站信号机柱距钢轨顶面不低于2 m处加挂信号灯，向区间方面显示红色灯光
		（26）确认进路正确，应答："好（了）。"	（9）准备进路，通过控制台将进路上的道岔加锁，向车站值班员报告："×道接车进路准备好（了）。"			
		（27）通知信号员："确认×道接车进路。"听取复诵无误后，命令："执行。"	（10）复诵："确认×道接车进路。"			
		（28）应答："好（了）。"	（11）确认进路，通过光带确认进路道岔位置正确，进路及邻线上的防护道岔均已加锁，向车站值班员报告："×道接车进路确认好（了）。"			

续表

作业程序		作业方法与步骤				事项要求
程序	项目	车站值班员	信号员	引导人员	助理值班员	
四、引导接车	12.引导接车	(29)通知引导人员:"×(次)(×点)×(分)开过来(了),引导接车。"听取复诵无误后,命令:"执行。"		(1)复诵:"×(次)(×点)×(分)开过来(了),引导接车。"		
		(30)与司机核对引导接车的调度命令	(12)通过信号操作终端监视信号及进路表示	(2)到规定地点,按规定时机显示引导手信号		信号员兼任引导员时,第(12)、(13)项可省略
		(31)车机联控:"×(次)×(站)引导接车,×道停车,注意引导手信号。"				
五、接车	13.列车接近	(32)应答:"×(次)接近。"	(13)接近语音提示,光带变红,口呼:"×(次)接近。"	(3)目视列车接近,向车站值班员报告:"引导人员,×(次)接近。"		
		(33)通知助理值班员:"×(次)接近,×道接车。"并听取复诵			(3)复诵:"×(次)接近,×道接车。"	
	14.接送列车		(4)待列车头部越过引导地点后,收回引导手信号	(4)再次确认接车线路空闲(眼看手指)口呼:"×道空闲。"到企业规定地点接车		
六、列车到达	15.列车到达		(14)通过信号操作终端监视进路、信号及列车进(出)站	(5)监视列车进站,于列车停妥后(货物列车未装列尾装置或列尾装置故障时,确认列车整列到达后)返回		

续表

作业程序		作业方法与步骤				事项要求
程序	项目	车站值班员	信号员	引导人员	助理值班员	
六、列车到达	15.列车到达	（34）应答："好（了）。"	（15）通过信号操作终端确认列车整列进入（通过）接车线，口呼："×（次）到达[通过]，×（站）区间空闲。"			
		（35）填记或确认电子行车日志				不能使用电子行车日志时，填写纸质行车日志
	16.报点	（36）填记《行车设备检查登记簿》，通知信号员："解锁×进路。"	（16）复诵："解锁×进路。"			破封使用人工解锁按钮
		（37）应答："好（了）。"填写《行车设备检查登记簿》	（17）点击总人工解锁按钮，输入口令，确认光带消失，将进路上道岔解锁，报告车站值班员："×进路已解锁。"			记录使用后的计数器号码
		（38）通知发车站："×（次）（×点）×（分）到。"并听取复诵				
		（39）计算机报点系统自动向列车调度员报点				不能自动报点时，向列车调度员报点："×（站）报点，×（次）（×点）×（分）到[通过]。"

　　信号机故障根据信号所显示的颜色体现，未显示相关颜色的信号，不会出现灯丝断丝报警。但信号机定位显示出现故障后，将不能使用该信号机所能显示的允许信号，即进站信号机红灯断丝后，开放不了该信号机所能显示的其他信号，出现该故障后，应及时指派引导人员现场显示引导手信号接车。因红灯断丝后无法开放固定引导信号，无法使用控制台中引导进路锁闭和引导总锁闭，所以在准备进路时将进路上有关道岔全部单独锁闭。因此，红灯断丝后，必须进行进路的准备与确认。接车出现故障时，可以使用进路锁闭或总锁闭时，不需要将进路中正常的道岔进行锁闭。

六、进站信号机开放后道岔失去定反位表示使用引导总锁闭接车（见表6）

表6　接车程序（六）

作业程序		作业方法与步骤				事项要求
程序	项目	车站值班员	信号员	助理值班员	扳道员	
一、接受预告	1.确认区间空闲	（1）听取发车站预告，按列车运行计划核对车次、时刻、命令、指示。（必要时，与列车调度员联系）				发车站："×（次）预告。"
		（2）根据表示灯、行车日志及各种行车表示牌，确认区间空闲				使用计轴设备的，还应通过计轴设备确认区间空闲
	2.接受发车预告	（3）同意发车站预告："同意×次预告。"				同意列车预告后，按企业规定通知有关人员
		（4）填记或确认电子行车日志				不能使用电子行车日志时，填写纸质行车日志
		（5）确定接车线："×（次）接×道。"				
		（6）通知信号员、助理值班员："×（次）预告，×道停车[通过][到开]。"并听取复诵	（1）复诵："×（次）预告，×道停车[通过][到开]。"并填写占线板（簿）	（1）复诵："×（次）预告，×道停车[通过][到开]。"并填写占线板（簿）		如果助理值班员是在室外作业期间接到的通知，返回后，除按规定应擦（划）掉的内容外，应补填占线板（簿）。（必要时，与车站值班员联系）
二、开放信号	3.听取开车通知	（7）复诵发车站开车通知："×（次）（×点）×（分）开[通过]。"				发车站："×（次）（×点）×（分）开。"
		（8）填记行车日志或确认电子行车日志中的发车站、发车时间和本站接车线				不能使用电子行车日志时，填写纸质行车日志

作业程序		作业方法与步骤				事项要求
程序	项目	车站值班员	信号员	助理值班员	扳道员	
二、开放信号	3.听取开车通知	（9）通知信号员、助理值班员："×（次）开过来（了）。"并听取复诵	（2）复诵："×（次）开过来（了）。"	（2）复诵："×（次）开过来（了）。"		
		（10）按企业规定通知有关人员				
	4.确认接车线路	（11）确认接车线路空闲，手指，口呼："×道空闲。"				
		（12）通知信号员停止影响进路的调车作业并听取报告	（3）停止影响进路的调车作业。确认停止后报告："影响进路的调车作业已停止。"			停止调车作业时机和通知、应答、报告用语，由企业规定。当无影响进路的调车作业时，此项作业省略
	5.开放信号	（13）确认列车运行计划后，通知信号员："×（次）×道停车，开放信号。"听取复诵无误后，命令："执行。"	（4）复诵："×（次）×道停车，开放信号。"			车站值班员认为需指定延续进路或办理变通进路时，一并通知
		（14）确认信号正确，眼看手指应答："×道进站信号好（了）。"	（5）开放进站信号，口呼"进站"，点击（按下）始端按钮。需办理变通进路时，口呼"变通××"，点击（按下）相应变通按钮。口呼"×道"（正线通过时，口呼"出站"），点击（按下）终端按钮。设有延续进路时，口呼"延续××"，点击（按下）延续进路相应按钮。确认光带（表示灯）、信号显示正确，口呼："信号好（了）。"			"变通××"中的"××"为按钮名称。"延续××"中的"××"为延续的按钮或线路名称
			（6）通过信号操作终端监视信号及进路表示			

续表

作业程序		作业方法与步骤				事项要求
程序	项目	车站值班员	信号员	助理值班员	扳道员	
三、故障处理	6. 确认设备故障情况	（15）确认故障，应答："知道了。"	（7）听到挤岔报警后，用鼠标点击站名处，停止语音提示，向车站值班员报告："×号道岔失去表示，×进站信号机关闭。"			
		（16）车机联控："×（次）×（站）机外停车。"				司机："×（次）×（站）机外停车，司机明白。"
		（17）通知扳道员："×号，×号道岔失去表示，现场检查。"			（1）复诵："×号道岔失去表示，现场检查。"	现场检查人员，按企业规定，或站长、车站值班员临时指定。如果是联动道岔出现故障，应分别说明，防止道岔号出现混淆
		（18）听取报告后，应答："好（了）。"			（2）现场检查后报告："×号道岔无障碍物，无异状，线路空闲，道岔开通直（曲）股。"	
	7. 报告	（19）向列车调度员报告："×（站）×号道岔失去表示，×（次）机外停车。"				列车调度员："知道了。"
		（20）向值班干部报告："×号道岔失去表示，到站监控。"				值班干部："知道了。"
	8. 通知登记	（21）通知工务、电务："工务、电务，×号道岔失去表示。"				工务、电务："现场检查。"
		（22）填写《行车设备检查登记簿》				
		（23）听取工务、电务报告后应答："好（了），到站签认。"并确认工务、电务签认				工务报告："设备正常。" 电务报告："属设备故障，暂时无法修复。"

作业程序		作业方法与步骤				事项要求
程序	项目	车站值班员	信号员	助理值班员	扳道员	
三、故障处理	9. 向列车调度员报告设备情况	（24）报告列车调度员："×（站）×号道岔失去表示，工务报告设备正常，电务报告属设备故障，暂时无法修复，×（站）引导接车。"				列车调度员："知道了。"
	10. 作业准备	（25）通知作业人员上岗。确认值班干部上岗				
	11. 领取手摇把	（26）填写《手摇把使用登记簿》。通知电务："因准备进路，破封使用手摇把。"				电务："同意使用。"
		（27）破封取出手摇把1把				
		（28）通知扳道员："×号，领取手摇把。"			（3）领取手摇把，填写《手摇把使用登记簿》	
四、引导接车	12. 准备进路	（29）通知扳道员："×号，×（次）×道停车准备进路，将×号道岔开通直（曲）股并加锁。"听取复诵无误后，命令："执行。"			（4）复诵："×（次）×道停车准备进路，将×号道岔开通直（曲）股并加锁。"	
					（5）准备进路：眼看手指口呼："×号道岔开通直（曲）股。"确认尖轨密贴，将道岔加锁	道岔不在所需位置时准备进路：眼看手指口呼："×号道岔开通直（曲）股，插入手摇把，将道岔摇至曲（直）股。"确认尖轨密贴，将道岔加锁
		（30）听取扳道员报告后，应答："好（了）。"			（6）向车站值班员报告："×号，×号道岔开通直（曲）股，已加锁。"	

作业程序		作业方法与步骤				事项要求
程序	项目	车站值班员	信号员	助理值班员	扳道员	
四、引导接车	12.准备进路	（31）通知扳道员："×号，确认×号道岔。"听取复诵无误后，命令："执行。"			（7）复诵："确认×号道岔。"	
		（32）听取扳道员报告后，应答："好（了）。"			（8）现场确认×号道岔开通直（曲）股并已加锁后，向车站值班员报告："×号，×号道岔确认好（了）。"	
		（33）通知信号员："×（次）×道停车准备进路，×号道岔现场开通直（曲）股已加锁。"听取复诵无误后，命令："执行。"	（8）复诵："×（次）×道停车准备进路，×号道岔现场开通直（曲）股已加锁。"			
		（34）听取信号员报告后，应答："好（了）。"	（9）准备进路，将进路上故障道岔单独锁闭后向车站值班员报告："×道接车进路准备好（了）。"			
		（35）通知信号员：确认×道接车进路。"听取复诵无误后，命令："执行。"	（10）复诵："确认×道接车进路。"			
		（36）听取信号员报告后，应答："好（了）。"	（11）确认进路。通过光带确认进路道岔位置正确，向车站值班员报告："×道接车进路确认好（了）。"			
	13.开放引导信号	（37）填写《行车设备检查登记簿》。通知信号员："×（次）×道停车，开放引导信号。"听取复诵无误后，命令："执行。"	（12）复诵："×（次）×道停车，开放引导信号。"			破封使用引导总锁闭与引导信号
		（38）确认信号正确，眼看手指应答："×道引导信号好（了）。"	（13）开放引导信号。点击引导总锁闭按钮，输入口令；点击引导信号按钮，输入口令。确认光带、信号显示正确，眼看手指呼："引导信号好（了）。"			

续表

作业程序		作业方法与步骤				事项要求
程序	项目	车站值班员	信号员	助理值班员	扳道员	
四、引导接车	13.开放引导信号	（39）填写《行车设备检查登记簿》	（14）通过信号操作终端监视信号及进路表示			
		（40）车机联控："×（次）×（站）引导接车，×道停车，注意引导信号。"				司机："×（次）×（站）引导接车，×道停车，司机明白。"
五、接车	14.列车接近	（41）再次确认信号正确，眼看手指应答："×（次）接近。"	（15）接近语音提示（接近铃响）、光带变红，再次确认信号开放正确，眼看手指口呼："×（次）接近。"			
		（42）通知助理值班员："×（次）接近，×道接车。"并听取复诵		（3）复诵："×（次）接近，×道接车。"		
	15.接送列车			（4）再次确认接车线路空闲，眼看手指口呼："×道空闲。"到企业规定地点接车		
六、列车到达	16.列车到达		（16）通过信号操作终端监视进路、信号及列车进站	（5）监视列车进站，于列车停妥后（货物列车未装列尾装置或列尾装置故障时，确认列车整列到达后）返回		
		（43）应答："好（了）。"	（17）通过信号操作终端确认列车整列进入（通过）接车线，口呼："×（次）到达，×（站）区间空闲。"			使用计轴设备的，还应通过计轴设备确认区间空闲

续表

作业程序		作业方法与步骤				事项要求
程序	项目	车站值班员	信号员	助理值班员	扳道员	
六、列车到达	16.列车到达	（44）填记或确认电子行车日志				不能使用电子行车日志时，填写纸质行车日志
	17.开通区间	（45）通知扳道员："×号，解锁×号道岔。"			（9）复诵："解锁×号道岔。"	
		（46）应答："好（了）。"			（10）现场将加锁道岔解锁，报告车站值班员："×号，×号道岔已解锁。"	
		（47）填记《行车设备检查登记簿》，通知信号员："解锁×进路。"	（18）复诵："解锁×进路。"			破封使用人工解锁按钮
		（48）应答："好（了）。"填写《行车设备检查登记簿》	（19）将故障道岔单解，点击总人工解锁按钮，输入口令。确认光带消失，报告车站值班员："×进路已解锁。"			记录使用后的计数器号码
	18.报点	（49）通知发车站："×（次）（×点）×（分）到。"并听取助理值班员复诵		（6）通知发车站："×（次）（×点）×（分）到。"		
		（50）计算机报点系统自动向列车调度员报点				不能自动报点时，向列车调度员报点："×（站）报点，×（次）（×点）×（分）到[通过]。"
七、设备恢复		（51）通知扳道员："交回手摇把。"填写《手摇把使用登记簿》			（11）复诵："交回手摇把。"	扳道员也可根据情况自行交回
		（52）通知电务："手摇把加封。"				电务加封

上述流程为开放信号后进路中出现道岔无表示的处理流程，如果开放信号前出现道岔无表示，在准备进路时应将进路中其他道岔单操至所需位置。如果故障表象是道岔区段出现红光带，而道岔不在所需位置，需要人工手摇道岔时，也应比照该流程使用引导总锁闭接车，而不能根据故障表象使用引导进路锁闭接车。车站值班员、信号员要清楚使用引导总锁闭的原理，正确使用固定引导信号接车。

七、进站信号机开放后站内停电引导员接车（见表7）

表7　接车程序（七）

作业程序		作业方法与步骤				事项要求
程序	项目	车站值班员	信号员（引导员）	助理值班员	扳道员	
一、接受预告	1.确认区间空闲	（1）听取发车站预告，按列车运行计划核对车次、时刻、命令、指示。（必要时，与列车调度员联系）				发车站："×（次）预告。"
		（2）根据表示灯、行车日志及各种行车表示牌，确认区间空闲				使用计轴设备的，还应通过计轴设备确认区间空闲
	2.接受发车预告	（3）同意发车站预告："同意×（次）预告。"				同意列车预告后，按企业规定通知有关人员
		（4）填记行车日志或确认电子行车日志				不能使用电子行车日志时，填写纸质行车日志
		（5）确定接车线："×（次）接×道。"				
		（6）通知信号员、助理值班员："×（次）预告，×道停车[通过][到开]。"并听取复诵	（1）复诵："×（次）×道停车。"并填写占线板（簿）	（1）复诵："×（次）×道停车。"并填写占线板（簿）		如果助理值班员是在室外作业期间接到的通知，返回后，除按规定应擦（划）掉的内容外，应补填占线板（簿）。（必要时，与车站值班员联系）

续表

作业程序		作业方法与步骤				事项要求
程序	项目	车站值班员	信号员（引导员）	助理值班员	扳道员	
二、开放信号	3.听取开车通知	（7）复诵发车站开车通知："×（次）（×点）×（分）开。"				发车站："×（次）（×点）×（分）开。"
		（8）填记行车日志或确认电子行车日志中的发车站发车时间和本站接车线				不能使用电子行车日志时，填写纸质行车日志
		（9）通知信号员、助理值班员："×（次）开过来（了）。"并听取复诵	（2）复诵："×（次）开过来（了）。"	（2）复诵："×（次）开过来（了）。"		
		（10）按企业规定通知有关人员				
	4.确认接车线	（11）确认接车线路空闲，手指口呼："×道空闲。"				
		（12）通知信号员停止影响进路的调车作业并听取报告	（3）复诵："停止影响进路的调车作业。"确认停止后报告："影响进路的调车作业已停止。"			停止调车作业时机和通知、应答、报告用语，由企业规定。当无影响进路的调车作业时，此项作业省略
	5.开放信号	（13）确认列车运行计划后，通知信号员："×（次）×道停车，开放信号。"听取复诵无误后，命令："执行。"	（4）复诵："×（次）×道停车，开放信号。"			列车通过时，应办理有关发车作业程序。车站值班员认为需指定延续进路或办理变通进路时，一并通知
		（14）确认信号正确，眼看手指口呼："×道进站信号好（了）。"	（5）开放进站信号，口呼"进站"，点击（按下）始端按钮，需办理变通进路时，口呼"变通××"，点击（按下）相应变通按钮，口呼"×道"（正线通过时，口呼"出站"），点击（按下）终端按钮。设有延续进路时，口呼"延续××"，点击（按下）延续进路相应按钮。确认光带（表示灯）、信号显示正确，口呼"信号好（了）"			
			（6）通过信号操作终端监视信号及进路表示			

作业程序		作业方法与步骤				事项要求
程序	项目	车站值班员	信号员（引导员）	助理值班员	扳道员	
三、故障处理	6. 确认设备故障	（15）确认信号操作终端停电，应答："知道了。"	（7）向车站值班员报告："信号操作终端停电。"			
		（16）车机联控："×（次）×（站）机外停车。"				司机："×（次）×（站）机外停车，司机明白。"
		（17）通知助理值班员："信号操作终端停电，现场检查。"并听取复诵		（3）复诵："信号操作终端停电，现场检查。"		是否需要现场检查，按本站设备情况确定
		（18）听取报告后，应答："好（了）。"		（4）现场检查后报告："现场停电。"		
	7. 报告	（19）向列车调度员报告："×（站）停电，×（次）机外停车。"				列车调度员："知道了。"
		（20）向值班干部报告："车站停电，到站监控。"				值班干部："知道了。"
	8. 通知登记	（21）填写《行车设备检查登记簿》				
		（22）通知电务、供电："电务、供电，×（站）停电。"				电务、供电："知道了。"
		（23）听取电务、供电报告后应答："好，到站签认。"并确认电务、供电签认				电务或供电报告："属设备故障，暂时无法修复。"
	9. 请求调度命令	（24）报告列车调度员："×（站）停电，电务（供电）报告属设备故障，暂时无法修复，请求引导接车的调度命令。"				列车调度员："调度命令×号，调度员×××，引导接车。"
		（25）复诵列车调度员的命令号码、姓名，填写《调度命令登记簿》，拟写调度命令				
	10. 作业准备	（26）通知作业人员上岗。确认值班干部上岗				夜间应在进站信号机柱距钢轨顶面不低于2 m处加挂信号灯，向区间方面显示红色灯光

续表

作业程序		作业方法与步骤				事项要求
程序	项目	车站值班员	信号员（引导员）	助理值班员	扳道员	
三、故障处理	10.作业准备	（27）通知信号员揭挂区间占用表示牌	（8）复诵："揭挂区间占用表示牌。"正确及时揭挂相应表示牌			
		（28）填写《手摇把使用登记簿》。通知电务："因停电，破封使用手摇把。"				电务："同意。"
		（29）破封取出手摇把1把				
		（30）通知扳道员："×号，领取手摇把。"			（1）领取手摇把，填写《手摇把使用登记簿》	是否填写《手摇把使用登记簿》，按企业规定
四、准备进路	11.检查接车线	（31）通知助理值班员及有关扳道员："×号、×号，×（次）预告，检查×道。"	（5）复诵："×（次）预告，检查×道。"		（2）复诵："×（次）预告，检查×道。"接车线末端扳道员应答："×号知道（了）。"	
			（6）现场检查，与扳道员对道		（3）现场检查，与助理值班员对道	
		（32）应答："×道空闲。"	（7）向车站值班员报告："×道空闲。"		（4）向车站值班员报告："×号，×道空闲。"并填写占线板（簿）	
	12.准备进路	（33）通知扳道员："×号，×（次）×道停车，准备进路。"听取复诵无误后，命令："执行。"			（5）复诵："×（次）×道停车，准备进路。"	

续表

作业程序		作业方法与步骤				事项要求
程序	项目	车站值班员	信号员（引导员）	助理值班员	扳道员	
四、准备进路	12.准备进路				（6）正确及时地准备进路，并将进路上的对向道岔及邻线上的防护道岔加锁	进路上的分动外锁闭道岔无论对向或顺向，均应对密贴尖轨、斥离尖轨和可动心轨加锁
		（34）听取扳道员报告后，应答："好（了）。"			（7）报告："×号，×道接车进路好（了）。"	
		（35）通知引导员："确认×道接车进路。"听取复诵无误后，命令："执行。"	（引1）复诵："确认×道接车进路。"			设进路检查人员时，检查确认办法由企业规定
		（36）听取引导员报告，应答："好（了）。"	（引2）确认进路正确，进路上的对向道岔及邻线上的防护道岔加锁后报告："×道接车进路确认好（了）。"			扳道员兼引导员或引导员确认进路有困难时，由扳道员再次检查，确认正确后报告。接通过列车时，发车端扳道员再次确认正确后报告
五、引导接车	13.引导接车	（37）通知引导员："×（次）（×点）×（分）开过来（了），引导接车。"听复诵无误后，命令："执行。"	（引3）复诵："×（次）（×点）×（分）开过来，引导接车。"			
		（38）与司机核对引导接车的调度命令	（引4）在规定地点显示引导手信号接车			
		（39）车机联控："×（次）×（站）引导接车，×道停车，注意引导手信号。"				司机："×（次）×（站）引导接车，×道停车，司机明白。"

甘泉铁路公司非正常接发列车指导程序

续表

作业程序		作业方法与步骤				事项要求
程序	项目	车站值班员	信号员（引导员）	助理值班员	扳道员	
六、接车	14.列车接近	（40）应答："×（次）接近。"	（引5）目视列车接近，向车站值班员报告："引导人员，×（次）接近。"			
		（41）通知助理值班员及扳道员："×号，×（次）接近，×道接车。"并听取复诵		（8）复诵："×（次）接近，×道接车。"	（8）复诵："×（次）接近，×道接车。"	
	15.接送列车		（9）再次确认接车线路空闲，眼看手指口呼："×道空闲。"到企业规定地点接车		（9）再次确认接车线路空闲，眼看手指口呼："×道空闲。"到企业规定地点接车	
			（引6）待列车头部越过引导地点后，收回引导手信号	（10）监视列车进站，于列车停妥后返回	（10）监视列车进（出）站，确认列车尾部标志。列车停车，内方扳道员需确认列车尾部过标后返回	
七、列车到达	16.列车到达	（42）听取列车到达报告，应答："好（了）。"			（11）报告："×号，×（次）到达。"	
		（43）通知扳道员："解锁×进路。"			（12）复诵："解锁×进路。"	连续使用道岔同一位置接发列车时除外。开通安全线及到发线的中岔，及时恢复定位

40

续表

作业程序		作业方法与步骤				事项要求
程序	项目	车站值班员	信号员（引导员）	助理值班员	扳道员	
七、列车到达	16.列车到达	（44）应答："好（了）。"				（13）将加锁的道岔解锁，报告："×号，×进路已解锁。"
		（45）通知信号员："摘下区间占用表示牌，揭挂区间空闲表示牌。"	（9）复诵："摘下区间占用表示牌，揭挂区间空闲表示牌。"正确解释揭挂相应表示牌			
		（46）通知发车站："×（次）（×点）×（分）到。"并听取复诵。				发车站："×（次）（×点）×（分）到。"
		（47）填记或确认电子行车日志				不能使用电子行车日志时，填写纸质行车日志
		（48）通过计算机报点系统向列车调度员报点				不能使用计算机报点系统时，向列车调度员报点："×（站）报点，×（次）（×点）×（分）到（通过）。"
八、设备恢复	17.设备恢复	（49）确认信号操作终端来电。应答："好（了）。"	（10）向车站值班员报告："信号操作终端来电。"			
		（50）听取电务（供电）报告恢复正常供电后，要求签认，并确认签认				电务（供电）报告："恢复正常供电。"
						破封使用上电解锁按钮
		（51）通知信号员："上电解锁。"	（11）复诵："上电解锁。"			联锁设备能自动恢复正常显示时，无此项作业
		（52）确认信号操作终端显示，应答："好（了）。"填写《行车设备检查登记簿》	（12）确认站内全部作业停止，点击上电解锁按钮，输入口令。确认信号操作终端显示，报告车站值班员："上电解锁好（了）。"			记录使用后的计数器号码

续表

作业程序		作业方法与步骤				事项要求
程序	项目	车站值班员	信号员（引导员）	助理值班员	扳道员	
八、设备恢复	17. 设备恢复	（53）通知扳道员："交回手摇把。"			（14）复诵："交回手摇把。"填写《手摇把使用登记簿》	扳道员也可根据情况自行交回
		（54）通知电务："手摇把加封。"				电务加封

八、通过列车越过突然关闭的进站信号机后接发车（见表8）

表8　接车程序（八）

作业程序		作业方法与步骤			事项要求
程序	项目	车站值班员	信号员	助理值班员	
一、接受预告	1. 确认区间空闲	（1）听取发车站预告，按列车运行计划核对车次、时刻、命令、指示。（必要时，与列车调度员联系）			发车站："×（次）预告。"
		（2）根据表示灯、行车日志及各种行车表示牌，确认区间空闲			
	2. 接受发车预告	（3）同意发车站预告："同意×（次）预告。"			同意列车预告后，按企业规定通知有关人员
		（4）填记或确认电子行车日志			不能使用电子行车日志时，填写纸质行车日志
		（5）确定接车线："×（次）接×道。"			
		（6）通知信号员、助理值班员"×（次）预告，×道停车[通过][到开]。"并听取复诵	（1）复诵："×（次）预告，×道停车[通过][到开]。"并填写占线板（簿）	（1）复诵："×（次）预告，×道停车[通过][到开]。"并填写占线板（簿）	如果助理值班员是在室外作业期间接到的通知，返回后，除按规定应擦（划）掉的内容外，应补填占线板（簿）。（必要时，与车站值班员联系）

作业程序		作业方法与步骤			事项要求
程序	项目	车站值班员	信号员	助理值班员	
一、接受预告	3. 听取开车通知	（7）复诵发车站开车通知："×（次）（×点）×（分）开。"			发车站："×（次）（×点）×（分）开。"
		（8）填记行车日志或确认电子行车日志中的发车站：发车时间和本站接车线			不能使用电子行车日志时，填写纸质行车日志
		（9）通知信号员、助理值班员："×（次）开过来（了）。"并听取复诵	（2）复诵："×（次）开过来（了）。"	（2）复诵："×（次）开过来（了）。"	
		（10）按企业规定通知有关人员			
二、发车预告	4. 确认区间空闲	（11）确认列车运行计划，根据表示灯、行车日志及各种行车表示牌，确认区间空闲			
	5. 发车预告	（12）向接车站发出："×（次）预告。"并听取同意的通知			
		（13）填记或确认电子行车日志			
三、开放信号	6. 确认接车线路	（14）确认接车线路空闲，手指口呼："×道空闲。"			停止调车作业时机和通知、应答、报告用语，由企业规定。当无影响进路的调车作业时，此项作业省略
		（15）通知信号员："停止影响进路的调车作业。"并听取报告	（3）复诵："停止影响进路的调车作业。"确认停止后报告："影响进路的调车作业已停止。"		
	7. 开放信号	（16）通知信号员："×（次）×道通过，开放信号。"听取复诵无误后，命令："执行。"	（4）复诵："×（次）×道通过，开放信号。"		
		（17）确认信号正确，眼看手指应答："×道进、出站信号好（了）。"	（5）开放通过信号：口呼"进站"，按下始端按钮；口呼"出站"，按下终端按钮。确认光带、信号显示正确，眼看手指口呼："信号好（了）。"		

作业程序		作业方法与步骤			事项要求
程序	项目	车站值班员	信号员	助理值班员	
三、开放信号	7.开放信号		（6）通过信号操作终端监视信号及进路表示		
		（18）车机联控："×（次）×（站）×道通过。"			司机："×（站）×（次）×道通过，司机明白。"
					司机："×（次）×（站）接近。"
四、接车	8.列车接近	（19）再次确认信号正确，眼看手指应答："×（次）接近。"	（7）接近语音提示，光带变红，再次确认信号开放正确，眼看手指口呼："×（次）接近。"		
		（20）通知助理值班员："×（次）接近，×道接车。"并听取复诵		（3）复诵："×（次）接近，×道接车。"	
	9.接车		（8）通过信号操作终端监视进路、信号及列车进（出）站	（4）到企业规定地点接车。眼看手指出站信号，确认信号开放正确，口呼："×道出站信号好（了）。"	
五、列车通过	10.故障处理	（21）应答："知道了。"			司机报告："×（站），因×行进站信号机突然关闭，×（次）冒进进站信号机×米停车。"
		（22）通知助理值班员："×（次）冒进×行进站信号机×米停车。"		（5）复诵："×（次）冒进进站信号机×米停车。"	
		（23）报告列车调度员："×（站），因×行进站信号机突然关闭，×（次）冒进×米停车。"			列车调度员："知道了。"

作业程序		作业方法与步骤			事项要求
程序	项目	车站值班员	信号员	助理值班员	
五、列车通过	10.故障处理	（24）报告值班干部："×（次）冒进进站信号机，到站监控。"			值班干部："知道了。"
		（25）通知电务："×（站）×行进站信号机故障。"			电务："知道了。"
		（26）填写《行车设备检查登记簿》			
		（27）听取电务报告后应答："好（了），到站签认。"确认电务签认			电务报告："设备瞬间故障，已修复。"
		（28）报告列车调度员："×（站）×行进站信号机故障，电务报告为设备瞬间故障，已修复。"			列车调度员："知道了。"
		（29）确认值班干部上岗			
		（30）询问司机："×（次）能否继续运行？"得到司机报告后应答："好（了）。"			司机："可以继续运行。"
	11.列车通过	（31）通知信号员："确认×（道）通过进路。"	（9）复诵："确认×（道）通过进路。"		
		（32）应答："好（了）。"	（10）确认通过进路表示正确，将接车进路上道岔全部加锁，报告："×（道）通过进路确认好（了）。"		
		（33）通知司机："×（次），进路处于锁闭状态，准许×（次）列车凭出站信号机显示继续运行。"		（6）监视列车进站，于列车尾部越过接车地点、确认列车尾部标志后返回	司机："×（次）凭出站信号机显示继续运行，司机明白。"如为停车，车机联控为"进路处于锁闭状态，准许×（次）列车继续运行。"司机按规定复诵
		（34）应答："好（了）。"	（11）通过信号操作终端确认列车整列通过接车线，口呼："×（次）通过，×（站）区间空闲。"	（7）擦（划）掉占线板（簿）记载	使用计轴设备的，还应通过计轴设备确认区间空闲
		（35）通知接车站："×（站），×（次）（×点）×（分）通过。"并听取复诵	（12）擦（划）掉占线板（簿）记载		
		（36）填记行车日志或确认电子行车日志			

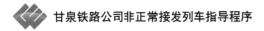

续表

作业程序		作业方法与步骤			事项要求
程序	项目	车站值班员	信号员	助理值班员	
五、列车通过	12.开通区间	（37）通知信号员："解锁×进路。"并听取复诵	（13）复诵："解锁×进路。"		
		（38）应答："好（了）。"	（14）将进路上加锁道岔解锁，报告车站值班员："×进路已解锁。"		
		（39）通知发车站："×（次）（×点）（×分）到。"并听取复诵			发车站："×（次）（×点）×（分）到。"
	13.报点	（40）计算机报点系统自动向列车调度员报点			不能自动报点时，向列车调度员报点："×（站）报点，×（次）（×点）×（分）通过。"

第二部分　设备故障发车

设备故障发车分为红光带发车、道岔无表示发车、出站信号机故障发车、分路不良发车、全站停电发车。在自动站间闭塞区段，若发车时出现设备故障，需要非正常办理发车时，都是停止基本闭塞法，改用电话闭塞法，因此必须特别注意闭塞方面，如果在使用基本闭塞法时办理了闭塞，在改用电话闭塞法前，必须先取消原有闭塞（得到邻站同意即为办妥闭塞，也应口头与邻站办理取消手续），方可向调度员申请停基改电的调度命令，如果不取消闭塞，即为向占用区间发车，将会构成一般 C 类事故。准备进路，单操、单锁道岔，正、反排列调车信号都可，具体使用哪种方式准备进路，根据具体情况确定。

一、道岔区段轨道电路故障发车（不需手摇道岔）

开放出站信号时，发车进路某道岔区段出现红光带，发车程序如表 9 所示。

表 9　设备故障发车程序（一）

作业程序		作业方法与步骤			事项要求
程序	项目	车站值班员	信号员	助理值班员	
一、发车预告	1. 确认区间空闲	（1）确认列车运行计划，根据表示灯、行车日志及各种行车表示牌确认区间空闲（手指区间方向）："×（站）区间空闲。"			使用计轴设备的，还应通过计轴设备确认区间空闲
	2. 发车预告	（2）向接车站发出："×（次）预告。"并听取同意的通知			接车站："同意×（次）预告。"
		（3）填记行车日志或确认电子行车日志			不能使用电子行车日志时，填写纸质行车日志
二、开放信号	3. 开放信号	（4）通知信号员："停止影响进路的调车作业。"并听取报告	（1）复诵："停止影响进路的调车作业。"确认停止后报告："影响进路的调车作业已停止。"		停止调车作业时机和通知、应答、报告用语由企业规定。当无影响进路的调车作业时，此项作业省略

续表

作业程序		作业方法与步骤			事项要求
程序	项目	车站值班员	信号员	助理值班员	
二、开放信号	3.开放信号	（5）确认列车运行计划后，通知信号员："×（次）×道发车，开放信号。"听取复诵无误后命令："执行。"	（2）复诵："×（次）×道发车，开放信号。"		车站值班员认为需办理变通进路时，一并通知
三、故障处理	4.确认设备故障情况	（6）确认故障，应答："知道了。"	（3）向车站值班员报告："×号道岔区段出现红光带，×道发车信号无法开放。"		
		（7）通知助理值班员："×号道岔区段出现红光带，现场检查。"		（1）复诵："×号道岔区段出现红光带，现场检查。"	现场检查人员，按企业规定，或站长、车站值班员临时指定
		（8）听取报告后应答："好（了）。"		（2）现场检查后报告："×号道岔区段无机车车辆占用，无障碍物，无异状，线路空闲。"	
	5.报告	（9）向列车调度员报告："×（站）×号道岔区段红光带。"			列车调度员："知道了。"
		（10）向值班干部报告："×号道岔区段出现红光带，到站监控。"			值班干部："知道了。"
四、作业准备	6.通知登记	（11）通知工电部门："工务、电务，×（站）×号道岔区段出现红光带。"			工务、电务："现场检查。"
		（12）填写《行车设备检查登记簿》			
		（13）听取工务、电务报告后应答："好（了），到站签认。"并确认工务、电务签认			工务报告："设备正常。" 电务报告："属设备故障，暂时无法修复。"
	7.取消闭塞	（14）通知接车站取消预告："×（站），因我站设备故障，取消×（次）预告。"			接车站："同意取消×（次）预告。"
		（15）通知信号员："×（次）预告已取消。"并听取复诵	（4）应答："×（次）预告已取消。"		在行车日志记事栏填写取消时间

续表

作业程序		作业方法与步骤			事项要求
程序	项目	车站值班员	信号员	助理值班员	
四、作业准备	8. 请求调度命令	（16）报告列车调度员："×（站）×号道岔区段出现红光带，工务报告设备正常，电务报告属设备故障，暂时无法修复，现×（站）至×（站）间区间空闲，请求停用基本闭塞法改用电话闭塞法行车的调度命令。"			列车调度员："调度命令×号，调度员×××，停用基本闭塞法改用电话闭塞法行车。"
		（17）复诵列车调度员的命令号码、姓名，填写《调度命令登记簿》			
	9. 作业准备	（18）通知作业人员上岗。确认值班干部上岗			
		（19）通知信号员："揭挂闭塞机停用表示牌。"并确认揭挂正确	（5）复诵："揭挂闭塞机停用表示牌。"并正确及时揭挂		
五、请求闭塞	10. 确认区间空闲	（20）与接车站核对调度命令："×（站），停基改电的调度命令是否收到？"得到回答后应答："好（了）。"			接车站："已收到。"
		（21）确认列车运行计划，根据行车日志及各种行车表示牌确认区间空闲（手指区间方向）："×（站）区间空闲。"			首列使用电话闭塞法时，核对由基本闭塞法改用电话闭塞法的调度命令
	11. 办理闭塞手续	（22）请求闭塞："×（次）闭塞。"			接车站："×号，（×点）×（分），同意×（次）闭塞。"
		（23）复诵接车站发出的电话记录："×号，（×点）×（分），同意×（次）闭塞。"			
		（24）填记或确认电子行车日志			不能使用电子行车日志时，填写纸质行车日志
		（25）口呼："×（次）闭塞好（了）。"	（6）应答："×（次）闭塞好（了）。"		
		（26）通知信号员："揭挂区间占用表示牌。"并确认表示牌揭挂正确	（7）复诵："揭挂区间占用表示牌。"并揭挂		
		（27）通知信号员："×（次）×道发车，准备进路。"听取复诵无误后命令："执行。"	（8）复诵："×（次）×道发车，准备进路。"		

作业程序		作业方法与步骤			事项要求
程序	项目	车站值班员	信号员	助理值班员	
五、请求闭塞	11.办理闭塞手续	(28)应答:"好(了)。"	(9)单操道岔准备进路。对进路上的道岔及邻线防护道岔逐一执行"一看、二点击、三确认、四呼唤"制度:对进路上不该操纵的道岔,眼看手指口呼:"×号定(反)位,加锁。"对需要操纵的道岔:"×号定(反)位,操至反(定)位,加锁。"确认进路正确,口呼:"×道发车进路好(了)。"		
		(29)通知信号员:"确认×道发车进路。"听取复诵无误后命令:"执行。"	(10)复诵:"确认×道发车进路。"		
		(30)应答:"好(了)。"	(11)接通光带,确认进路正确,进路及邻线上的防护道岔均已加锁,口呼:"×道发车进路确认好(了)。"		
六、准备发车	12.办理凭证	(31)核对车次、区间、电话记录号码,填写路票、调度命令			双线正方向发车,电话记录号码为:首列为接车站承认的电话记录号码;首列以后的列车为前次发出的列车到达的电话记录号码。可按企业规定,由指定的助理值班员填写路票
		(32)与助理值班员核对路票、调度命令,核对正确后加盖站名印		(3)与车站值班员核对路票、调度命令	
	13.交付凭证	(33)通知助理值班员:"发×道×(次)。"并听取复诵		(4)复诵:"发×道×(次)。"	

作业程序		作业方法与步骤			事项要求
程序	项目	车站值班员	信号员	助理值班员	
六、准备发车	13.交付凭证	（34）与司机核对路票、调度命令		（5）与司机核对路票、调度命令，确认正确后交付司机。向车站值班员报告："路票、调度命令已交付。"	
		（35）车机联控："×（次）×道发车进路好（了）。"			司机应答："×（次）×道发车进路好（了），司机明白。"
七、发车	14.确认发车条件		（12）通过信号操作终端监视信号及进路表示	（6）确认旅客上下、行包装卸和列检作业等完了（或得到通知）	
	15.发车		（7）按规定站在适当地点显示发车信号，或使用列车无线调度通信设备（发车表示器）发车	（7）由车站值班员使用列车无线调度通信设备发车时，应确认发车条件具备（或得到报告）。动车组列车无此项作业	由车站值班员使用列车无线调度通信设备发车时，应确认发车条件具备（或得到报告）。动车组列车无此项作业
八、列车出发	16.监视列车	（36）列车起动后，及时通知接车站："×（次）（×点）×（分）开。"并听取复诵			接车站："×（次）（×点）×（分）开。"
		（37）填记或确认电子行车日志		（8）监视列车，于列车尾部越过发车地点、确认列车尾部标志后返回	不能使用电子行车日志时，填写纸质行车日志
		（38）应答："好（了）。"	（13）通过信号操作终端确认列车整列出站，口呼："×（次）出站。"	（9）擦（划）掉占线板（簿）记载	
			（14）擦（划）掉占线板（簿）记载		

续表

作业程序		作业方法与步骤			事项要求
程序	项目	车站值班员	信号员	助理值班员	
八、列车出发	17.解锁进路	（39）通知信号员："解锁×进路。"并听取复诵	（15）复诵："解锁×进路。"		连续使用道岔同一位置接发列车时除外
		（40）应答："好（了）。"	（16）将进路上道岔解锁，报告车站值班员："×进路已解锁。"		
	18.报点	（41）计算机报点系统自动向列车调度员报点			不能自动报点时，向列车调度员报点："×（站）报点，×（次）（×点）×（分）开[通过]。"
	19.接受到达通知	（42）复诵接车站列车到达电话记录："×号，×（次）（×点）×（分）到。"			接车站："×号，×（次）（×点）×（分）到。"
		（43）填记或确认电子行车日志			不能使用电子行车日志时，填写纸质行车日志
		（44）通知信号员："摘下区间占用表示牌。"并听取复诵	（17）复诵："摘下区间占用表示牌。"		
			（18）摘下区间占用表示牌		
九、设备恢复	20.设备恢复	（45）应答："好（了）。"	（19）信号员报告："×号道岔区段红光带消失。"		
		（46）听取电务轨道电路故障排除的报告，应答："好（了），到站签认。"并确认电务签认			电务报告："×号道岔区段轨道电路故障排除，恢复正常使用。"
		（47）通知信号员："×号道岔区段恢复正常使用。"并听取复诵	（20）复诵："×号道岔区段恢复正常使用。"		
	21.请求调度命令	（48）报告列车调度员："×（站），电务报告，×号道岔区段轨道电路恢复正常使用。现×（站）至×（站）区间空闲，请求恢复基本闭塞法的调度命令。"			列车调度员："调度命令×号，调度员×××，恢复基本闭塞法行车。"
		（49）复诵列车调度员下达命令号码、姓名，填写《调度命令登记簿》，拟写调度命令			调度命令格式见附件4

续表

作业程序		作业方法与步骤			事项要求
程序	项目	车站值班员	信号员	助理值班员	
九、设备恢复	22.恢复基本闭塞	（50）与接车站核对调度命令："×（站），恢复基本闭塞法的调度命令是否收到。"得到回答后应答："好（了）。"			接车站："已收到。"
		（51）通知信号员："摘下闭塞机停用表示牌。"并确认正确摘下	（21）复诵："摘下闭塞机停用表示牌。"并及时摘下		

二、道岔失去定反位表示发车（见表 10）

表 10　设备故障发车程序（二）

作业程序		作业方法与步骤				事项要求
程序	项目	车站值班员	信号员	助理值班员	扳道员	
一、接受预告	1.确认区间空闲	（1）确认列车运行计划，根据表示灯、行车日志及各种行车表示牌确认区间空闲（手指区间方向）："×（站）区间空闲。"				使用计轴设备的,还应通过计轴设备确认区间空闲
	2.发车预告	（2）向接车站发出："×（次）预告。"并听取同意的通知				接车站："同意×（次）预告。"
		（3）填记行车日志或确认电子行车日志				不能使用电子行车日志时,填写纸质行车日志
二、开放信号	3.开放信号	（4）通知信号员："停止影响进路的调车作业。"并听取报告	（1）复诵："停止影响进路的调车作业。"确认停止后报告："影响进路的调车作业已停止。"			停止调车作业时机和通知、应答、报告用语由企业规定。当无影响进路的调车作业时,此项作业省略
		（5）确认列车运行计划后,通知信号员："×（次）×道发车,开放信号。"听取复诵无误后命令："执行。"	（2）复诵："×（次）×道发车,开放信号。"			车站值班员认为需办理变通进路时,一并通知
三、故障处理	4.确认设备故障情况	（6）确认故障,应答："知道了。"	（3）听到挤岔报警,用鼠标点击站名处,停止语音提示,向车站值班员报告："×号道岔失去表示,×道发车信号无法开放。"			

续表

作业程序		作业方法与步骤				事项要求
程序	项目	车站值班员	信号员	助理值班员	扳道员	
三、故障处理	4.确认设备故障情况	(7)通知扳道员:"×号道岔失去表示,现场检查。"			(1)复诵:"×号道岔失去表示,现场检查。"	
		(8)听取报告后应答:"好(了)。"			(2)现场检查后报告:"×号道岔区段无障碍物,无异状,线路空闲,开通直(曲)股。"	
	5.报告	(9)向列车调度员报告:"×(站)×号道岔失去表示。"				列车调度员:"知道了。"
		(10)向值班干部报告:"×号道岔失去表示,到站监控。"				值班干部:"知道了。"
四、作业准备	6.通知登记	(11)通知工电部门:"工务、电务,×(站)×号道岔失去表示。"				工务、电务:"现场检查。"
		(12)填写《行车设备检查登记簿》				
		(13)听取工务、电务报告后应答:"好(了),到站签认。"并确认工务、电务签认				工务报告:"设备正常。" 电务报告:"属设备故障,暂时无法修复。"
	7.取消闭塞	(14)通知接车站取消预告:"×(站),因我站设备故障,取消×(次)预告。"				接车站:"同意取消×(次)闭塞。"
		(15)通知信号员:"×(次)预告已取消。"并听取应答	(4)应答:"×(次)预告已取消。"			在行车日志记事栏填写取消时间
	8.请求调度命令	(16)报告列车调度员:"×(站)×号道岔失去表示,工务报告设备正常,电务报告设备故障,暂时无法修复,现×(站)至×(站)间区间空闲,请求停用基本闭塞法改用电话闭塞法行车的调度命令。"				列车调度员:"调度命令×号,调度员×××,停用基本闭塞法改用电话闭塞法行车。"

作业程序		作业方法与步骤				事项要求
程序	项目	车站值班员	信号员	助理值班员	扳道员	
四、作业准备	8.请求调度命令	（17）复诵列车调度员的命令号码、姓名，填写《调度命令登记簿》				
	9.作业准备	（18）通知作业人员上岗。确认值班干部上岗				
		（19）通知信号员："揭挂闭塞机停用表示牌。"并确认揭挂正确	（5）复诵："揭挂闭塞机停用表示牌。"并及时正确揭挂			
五、请求闭塞	10.确认区间空闲	（20）与接车站核对调度命令："×（站），停基改电的调度命令是否收到。"得到回答后应答："好（了）。"				接车站："已收到。"
		（21）确认列车运行计划，根据行车日志及各种行车表示牌确认区间空闲（手指区间方向）："×（站）区间空闲。"				首列使用电话闭塞法时，核对由基本闭塞法改用电话闭塞法的调度命令
	11.办理闭塞手续	（22）请求闭塞："×（次）闭塞。"				接车站："×号，（×点）×（分），同意×（次）闭塞。"
		（23）复诵接车站发出的电话记录："×号，（×点）×（分），同意×（次）闭塞。"				
		（24）填记行车日志或确认电子行车日志				不能使用电子行车日志时，填写纸质行车日志
		（25）口呼："×（次）闭塞好（了）。"	（6）应答："×（次）闭塞好（了）。"			
		（26）通知信号员："揭挂区间占用表示牌。"并确认表示牌揭挂正确	（7）复诵："揭挂区间占用表示牌。"并揭挂			

续表

作业程序		作业方法与步骤				事项要求
程序	项目	车站值班员	信号员	助理值班员	扳道员	
六、准备进路	12.领取手摇把	（27）填写《手摇把使用登记簿》。通知电务："因准备进路，破封使用手摇把。"				电务："同意使用。"
		（28）破封取出手摇把 1 把				
		（29）通知扳道员："×号，领取手摇把。"			（3）领取手摇把，填写《手摇把使用登记簿》	
	13.准备进路	（30）通知扳道员：×号，×（次）×道发车准备进路，将×号道岔开通直（曲）股并加锁。"听取复诵无误后，命令："执行。"			（4）复诵："×号，×（次）×道发车准备进路，将×号道岔开通直（曲）股并加锁。"	
					（5）口呼："×号道岔开通直（曲）股。"将道岔摇至曲（直）×股，确认尖轨密贴，加锁，口呼："×道开通。"	扳道员准备进路时，执行TB/T 30001—2020 之 12.2.2 条要求
		（31）听取扳道员报告后，应答："好（了）。"			（6）向车站值班员报告："×号，×号道岔开通直（曲）股，已加锁。"	
		（32）通知扳道员："×号，确认×号道岔。"听取复诵无误后，命令："执行。"			（7）复诵："确认×号道岔。"	
		（33）听取扳道员报告后，应答："好（了）。"			（8）现场确认×号道岔开通直（曲）股并已加锁后，向车站值班员报告："×号，×号道岔确认好（了）。"	
		（34）通知信号员："×（次）×道发车，准备进路。×号道岔现场开通×股已加锁。"听取复诵无误后，命令"执行。"	（8）复诵："×（次）×道发车，准备进路。×号道岔现场开通×股已加锁。"			

作业程序		作业方法与步骤				事项要求
程序	项目	车站值班员	信号员	助理值班员	扳道员	
六、准备进路	13.准备进路	（35）应答："好（了）。"	（9）单操道岔准备进路。对进路上的道岔及邻线防护道岔逐一执行"一看、二点击、三确认、四呼唤"制度。对进路上不该操纵的道岔，眼看手指口呼："×号定（反）位，加锁。"对需要操纵的道岔："×号定（反）位，操至反（定）位，加锁。"确认进路正确后口呼："×道发车进路好（了）。"			
		（36）通知信号员："确认×道发车进路。"听取复诵无误后，命令："执行。"	（10）复诵："确认×道发车进路。"			
		（37）应答："好（了）。"	（11）接通光带，确认进路正确，进路及邻线上的防护道岔均已加锁，口呼："×道发车进路确认好（了）。"			
七、准备发车	14.办理凭证	（38）核对车次、区间、电话记录号码，填写路票、调度命令				双线正方向发车，电话记录号码为：首列为接车站承认的电话记录号码，首列以后的列车为前次发出的列车到达的电话记录号码。 可按企业规定，由指定的助理值班员填写路票
		（39）与助理值班员核对路票、调度命令，核对正确后加盖站名印		（1）与车站值班员核对路票、调度命令		

甘泉铁路公司非正常接发列车指导程序

续表

作业程序		作业方法与步骤				事项要求
程序	项目	车站值班员	信号员	助理值班员	扳道员	
七、准备发车	15.交付凭证			（2）复诵："发×道×（次）。"		
				（3）与司机核对路票、调度命令，确认正确后交付司机。向值班员报告："路票、调度命令已交付司机。"		
		（41）与司机核对路票、调度命令				
		（42）车机联控："×（次）×道发车进路好（了）。"				司机应答："×（次）×道发车进路好（了），司机明白。"
八、发车	16.确认发车条件		（12）通过信号操作终端监视信号及进路表示	（4）确认旅客上下、行包装卸和列检作业完了		
	17.发车			（5）按规定站在适当地点显示发车信号，或使用列车无线调度通信设备（发车表示器）发车		由车站值班员使用列车无线调度通信设备发车时，应确认发车条件具备（或得到报告）
九、列车出发	18.监视列车	（43）列车起动后，及时通知接车站："×（次）（×点）×（分）开。"并听取复诵				接车站："×（次）（×点）×（分）开。"
		（44）填记或确认电子行车日志		（6）监视列车，于列车尾部越过发车地点、确认列车尾部标志后返回		不能使用电子行车日志时，填写纸质行车日志

58

续表

作业程序		作业方法与步骤				事项要求
程序	项目	车站值班员	信号员	助理值班员	扳道员	
九、列车出发	18.监视列车	(45)应答："好（了）。"	(13)通过信号操作终端确认列车整列出站，口呼："×（次）出站。"	（7）擦（划）掉占线板（簿）记载		
			(14)擦（划）掉占线板（簿）记载			
		(46)通知扳道员："×号，解锁×号道岔。"			（9）复诵："×号，解锁×号道岔。"	
					（10）将加锁道岔解锁	
		(47)应答："好（了）。"			（11）报告车站值班员："×号，×号道岔已解锁。"	
		(48)通知信号员："解锁×进路。"并听取复诵	(15)复诵："解锁×进路。"			
		(49)应答："好（了）。"	(16)将进路上道岔解锁，报告车站值班员："×进路已解锁。"			
	19.报点	(50)计算机报点系统自动向列车调度员报点				不能自动报点时，向列车调度员报点："×（站）报点，×（次）（×点）×（分）开。"
	20.接收到达通知	(51)复诵接车站列车到达电话记录："×号，×（次）（×点）（×分）到。"				接车站："×号，×（次）（×点）×（分）到。"
		(52)填记或确认电子行车日志				不能使用电子行车日志时，填写纸质行车日志
		(53)通知信号员："摘下区间占用表示牌。"并听取复诵	(17)复诵："摘下区间占用表示牌。"			
			(18)摘下区间占用表示牌			

续表

作业程序		作业方法与步骤				事项要求
程序	项目	车站值班员	信号员	助理值班员	扳道员	
十、设备恢复	21.设备恢复	（54）确认道岔表示恢复，应答："好（了）。"	（19）信号员报告："×号道岔表示恢复。"			
		（55）听取电务道岔表示恢复的报告，应答："好（了），到站签认。"并确认电务签认				电务报告："×号道岔表示恢复，恢复正常使用。"
		（56）通知信号员："×号道岔恢复正常使用。"并听取复诵	（20）复诵："×号道岔恢复正常使用。"			
	22.请求调度命令	（57）报告列车调度员："×（站），电务报告，×号道岔恢复正常使用。现×（站）至×（站）区间空闲，请求恢复基本闭塞法的调度命令。"				列车调度员："调度命令×号，调度员×××，恢复基本闭塞法行车。"
		（58）复诵列车调度员的命令号码、姓名，填写《调度命令登记簿》，拟写调度命令				调度命令格式见附件4
	23.恢复基本闭塞	（59）与接车站核对调度命令："×（站），×号恢复基本闭塞法的调度命令是否收到。"得到回答后应答："好（了）。"				接车站："已收到。"
		（60）通知信号员："摘下闭塞机停用表示牌。"	（21）复诵："摘下闭塞机停用表示牌。"并及时摘下			
		（61）接收手摇把。填写《手摇把使用登记簿》，通知电务："手摇把加封。"确认电务加封			（12）将手摇把交给车站值班员："交回手摇把。"	电务加封

三、出站信号机故障发车（见表11）

表11　设备故障发车程序（三）

作业程序		作业方法与步骤			事项要求
程序	项目	车站值班员	信号员	助理值班员	
一、发车预告	1.确认区间空闲	（1）确认列车运行计划，根据表示灯、行车日志及各种行车表示牌确认区间空闲（手指区间方向）："×（站）区间空闲。"			使用计轴设备的，还应通过计轴设备确认区间空闲

作业程序		作业方法与步骤			事项要求
程序	项目	车站值班员	信号员	助理值班员	
一、发车预告	2.发车预告	（2）向接车站发出："×（次）预告。"并听取同意的通知			接车站："同意×（次）预告。"
		（3）填记或确认电子行车日志			不能使用电子行车日志时，填写纸质行车日志
二、开放信号	3.开放信号	（4）通知信号员："停止影响进路的调车作业。"并听取报告	（1）复诵："停止影响进路的调车作业。"确认停止后报告："影响进路的调车作业已停止。"		停止调车作业时机和通知、应答、报告用语由企业规定。当无影响进路的调车作业时，此项作业省略
		（5）确认列车运行计划后，通知信号员："×（次）×道发车，开放信号。"听取复诵无误后，命令："执行。"	（2）复诵："×（次）×道发车，开放信号。"		车站值班员认为需办理变通进路时，一并通知
三、故障处理	4.确认设备故障情况	（6）确认故障，应答："知道了。"	（3）开放出站信号。口呼"×道"，按下始端按钮；口呼"出站"，按下终端按钮，但信号不能开放。向车站值班员报告："×道出站信号机不能开放，进路显示白光带。"		
	5.报告	（7）向列车调度员报告："×（站）×道出站信号机故障。"			列车调度员："知道了。"
		（8）向值班干部报告："×道出站信号机故障，到站监控。"			值班干部："知道了。"
四、作业准备	6.通知登记	（9）通知电务："电务，×（站）×道出站信号机故障。"			电务："知道了。"
		（10）填写《行车设备检查登记簿》			
		（11）听取电务报告后应答："好（了），到站签认。"并确认电务签认			电务报告："属设备故障，暂时无法修复。"

作业程序		作业方法与步骤			事项要求
程序	项目	车站值班员	信号员	助理值班员	
四、作业准备	6.通知登记	（12）通知接车站取消预告："×（站），因我站设备故障，取消×（次）预告。"			接车站："同意取消×（次）预告。"
		（13）通知信号员："×（次）预告已取消。"并听取应答	（4）应答："×（次）预告已取消。"		在行车日志记事栏填写取消时间
	7.请求调度命令	（14）报告列车调度员："×（站）×道出站信号机故障，电务报告设备故障，暂时无法修复，现×（站）至×（站）间区间空闲，请求停用基本闭塞法改用电话闭塞法行车的调度命令。"			列车调度员："调度命令×号，调度员×××，停用基本闭塞法改用电话闭塞法行车。"
		（15）复诵列车调度员的命令号码、姓名，填写《调度命令登记簿》			
	8.作业准备	（16）通知作业人员上岗。确认值班干部上岗			
		（17）通知信号员："揭挂闭塞机停用表示牌。"	（5）复诵："揭挂闭塞机停用表示牌。"并及时揭挂		
五、请求闭塞	9.确认区间空闲	（18）与接车站核对调度命令："×（站），停基改电的×号调度命令是否收到。"得到回答后应答："好（了）。"			接车站："已收到。"
		（19）确认列车运行计划，根据行车日志及各种行车表示牌确认区间空闲（手指区间方向）："×（站）区间空闲。"			首列使用电话闭塞法时，核对由基本闭塞法改用电话闭塞法的调度命令
	10.办理闭塞手续	（20）向接车站请求闭塞："×（次）闭塞。"			接车站："×号，（×点）×（分），同意×（次）闭塞。"
		（21）复诵接车站发出的电话记录："×号，（×点）×（分），同意×（次）闭塞。"			

作业程序		作业方法与步骤			事项要求
程序	项目	车站值班员	信号员	助理值班员	
五、请求闭塞	10.办理闭塞手续	（22）填记或确认电子行车日志			不能使用电子行车日志时，填写纸质行车日志
		（23）口呼："×（次）闭塞好（了）。"	（6）应答："×（次）闭塞好（了）。"		
		（24）通知信号员："揭挂区间占用表示牌。"并确认表示牌揭挂正确	（7）复诵："揭挂区间占用表示牌。"并揭挂		
六、准备进路	11.准备进路	（25）通知信号员："×（次）×道发车，准备进路。"听取复诵无误后，命令："执行。"	（8）复诵："×（次）×道发车，准备进路。"		
		（26）确认进路正确，应答："×道发车进路好（了）。"	（9）确认光带显示正确，将进路上的道岔加锁后报告："×道发车进路好（了）。"		
		（27）通知信号员："确认×道发车进路。"听取复诵无误后，命令："执行。"	（10）复诵："确认×道发车进路。"		
		（28）应答："好（了）。"	（11）确认光带显示正确，进路道岔已加锁，口呼："×道发车进路确认好（了）。"		
七、准备发车	12.办理凭证	（29）核对车次、区间、电话记录号码，填写路票、调度命令			双线正方向发车，电话记录号码为：首列为接车站承认的电话记录号码，首列以后的列车为前次发出的列车到达的电话记录号码。可按企业规定，由指定的助理值班员填写路票
		（30）与助理值班员核对路票、调度命令，核对正确后加盖站名印		（1）与车站值班员核对路票、调度命令	

作业程序		作业方法与步骤			事项要求
程序	项目	车站值班员	信号员	助理值班员	
七、准备发车	13.交付凭证	（31）通知助理值班员："发×道×（次）。"并听取复诵		（2）复诵："发×道×（次）。"	
		（32）与司机核对路票、调度命令		（3）与司机核对路票、调度命令，确认正确后交付司机。向车站值班员报告："路票、调度命令已交付。"	
		（33）车机联控："×（次）×道发车进路好（了）。"			司机应答："×（次）×道发车进路好（了），司机明白。"
八、发车	14.确认发车条件		（12）通过信号操作终端监视信号及进路表示	（4）确认旅客上下、行包装卸和列检作业等完了（或得到通知）	
	15.发车			（5）按规定站在适当地点显示发车信号，或使用列车无线调度通信设备（发车表示器）发车	由车站值班员使用列车无线调度通信设备发车时，应确认发车条件具备（或得到报告）
九、列车出发	16.监视列车	（34）列车起动，通知接车站："×（次）（×点）×（分）开。"并听取复诵			接车站："×（次）（×点）×（分）开。"
		（35）填记行车日志或确认电子行车日志		（6）监视列车，于列车尾部越过发车地点，确认列车尾部标志后返回	不能使用电子行车日志时，填写纸质行车日志
		（36）应答："好（了）。"	（13）通过信号操作终端确认列车整列出站，口呼："×（次）出站。"	（7）擦（划）掉占线板（簿）记载	
			（14）擦（划）掉占线板（簿）记载		

续表

作业程序		作业方法与步骤			事项要求
程序	项目	车站值班员	信号员	助理值班员	
九、列车出发	17.解锁进路	（37）通知信号员："解锁×进路。"并听取复诵	（15）复诵："解锁×进路。"		
		（38）应答："好（了）。"	（16）将进路上道岔解锁，报告车站值班员："×进路已解锁。"		
	18.报点	（39）计算机报点系统自动向列车调度员报点。不能自动报点时，向列车调度员报点："×（站）报点，×（次）（×点）×（分）到。"			列车调度员："好（了）。"
	19.接收到达通知	（40）复诵接车站列车到达电话记录："×号，×（次）（×点）×（分）到。"			接车站："×号，×（次）（×点）×（分）到。"
		（41）填记或确认电子行车日志			不能使用电子行车日志时，填写纸质行车日志
		（42）通知信号员："摘下区间占用表示牌。"并听取复诵	（17）复诵："摘下区间占用表示牌。"		
			（18）摘下区间占用表示牌		
十、设备恢复	20.设备恢复	（43）听取电务出站信号机恢复正常使用的报告，应答："好（了），到站签认。"并确认电务签认			电务报告："×道出站信号机恢复正常使用。"
		（44）通知信号员："×道出站信号机恢复正常使用。"并听取复诵	（19）复诵："×道出站信号机恢复正常使用。"		
	21.请求调度命令	（45）报告列车调度员："×（站），电务报告，×道出站信号机恢复正常使用。现×（站）至×（站）区间空闲，请求恢复基本闭塞法的调度命令。"			列车调度员："调度命令×号，调度员×××，恢复基本闭塞法行车。"
		（46）复诵列车调度员的命令号码、姓名，填写《调度命令登记簿》，拟写调度命令			

作业程序		作业方法与步骤			事项要求
程序	项目	车站值班员	信号员	助理值班员	
十、设备恢复	22.恢复基本闭塞	（47）与邻站核对调度命令："×（站），恢复基本闭塞法的调度命令是否收到。"得到回答后应答："好（了）。"			邻站："已收到。"
		（48）通知信号员，摘下闭塞机停用表示牌	（20）复诵："摘下闭塞机停用表示牌。"并及时摘下		

四、正线通过列车因线路突然塌方变更为到发线通过（见表12）

表12　设备故障发生程序（四）

作业程序		作业方法与步骤			事项要求
程序	项目	车站值班员	信号员	助理值班员	
一、接受预告	1.确认区间空闲	（1）听取发车站预告，按列车运行计划核对车次、时刻、命令、指示。（必要时，与列车调度员联系）			发车站："×（次）预告。"
		（2）根据表示灯、行车日志及各种行车表示牌确认区间空闲（手指区间方向）："×（站）区间空闲。"			使用计轴设备的，还应通过计轴设备确认区间空闲
	2.接受发车预告	（3）同意发车站预告："同意×（次）预告。"			同意列车预告后，按企业规定通知有关人员
		（4）填记行车日志或确认电子行车日志			不能使用电子行车日志时，填写纸质行车日志
		（5）确定接车线："×（次）接×道。"			
		（6）通知信号员、助理值班员："×（次）预告，×道停车[通过][到开]。"并听取复诵	（1）复诵："×（次）预告，×道停车[通过][到开]。"并填写占线板（簿）	（1）复诵："×（次）预告，×道停车[通过][到开]。"并填写占线板（簿）	如果助理值班员是在室外作业期间接到的通知，返回后，除按规定应擦（划）掉的内容外，应补填占线板（簿）。（必要时，与车站值班员联系）

续表

作业程序		作业方法与步骤			事项要求
程序	项目	车站值班员	信号员	助理值班员	
一、接受预告	3.听取开车通知	（7）复诵发车站开车通知："×（次）（×点）×（分）开[通过]。"			发车站："×（次）（×点）×（分）开[通过]。"
		（8）填记行车日志或确认电子行车日志中的发车站、发车时间和本站接车线			不能使用电子行车日志时，填写纸质行车日志
		（9）通知信号员、助理值班员："×（次）开过来（了）。"并听取复诵	（2）复诵："×（次）开过来（了）。"	（2）复诵："×（次）开过来（了）。"	
		（10）按企业规定通知有关人员			
二、发车预告	4.确认区间空闲	（11）确认列车运行计划，根据表示灯、行车日志及各种行车表示牌确认区间空闲（手指区间方向）："×（站）区间空闲。"			使用计轴设备的，还应通过计轴设备确认区间空闲
	5.发车预告	（12）向接车站发出："×（次）预告。"并听取同意的通知			接车站："同意×（次）预告。"
		（13）填记或确认电子行车日志			不能使用电子行车日志时，填写纸质行车日志
三、开放信号	6.确认接车线	（14）确认接车线路空闲，手指口呼："×道空闲。"			
		（15）通知信号员："停止影响进路的调车作业。"并听取报告	（3）复诵："停止影响进路的调车作业。"确认停止后报告："影响进路的调车作业已停止。"		停止调车作业时机和通知、应答、报告用语由企业规定。当无影响进路的调车作业时，此项作业省略
	7.开放信号	（16）确认列车运行计划后，通知信号员："×（次）×道通过，开放信号。"听取复诵无误后，命令："执行。"	（4）复诵："×（次）×道通过，开放信号。"		
		（17）确认信号正确，应答："×道进、出站信号好（了）。"	（5）开放通过信号。口呼"进站"，按下始端按钮；口呼"出站"，按下终端按钮。确认光带、信号显示正确，口呼："信号好（了）。"		
			（6）通过信号操作终端监视信号及进路表示		

续表

作业程序		作业方法与步骤			事项要求
程序	项目	车站值班员	信号员	助理值班员	
四、故障处理	8.取消进路	（18）听取工务后应答："知道了。"			工务报告："×（站）×道线路塌方，请求封锁施工。"
		（19）通知信号员、助理值班员："取消×道通过进路。"并听取复诵	（7）复诵："取消×道通过进路。"	（3）复诵："取消×道通过进路。"并擦（划）掉占线板（簿）记载	
		（20）确认进路取消，应答："好（了）。"	（8）点击总取消按钮，确认进路光带消失，报告："×道通过进路已取消。"并擦（划）掉占线板（簿）记载		
		（21）车机联控："×（次）×（站）机外停车。"			司机："×（次）×（站）机外停车，司机明白。"
	9.报告	（22）向列车调度员报告："×（站）工务报告×道线路塌方，请求封锁施工，×（次）机外停车，请求×（站）×道封锁施工的调度命令。"			列车调度员："调度命令×号，调度员×××，×（站）×道封锁施工。"
		（23）复诵列车调度员的命令号码、姓名，填写《调度命令登记簿》，拟写调度命令			
		（24）向值班干部报告："工务报告×道线路塌方，请求封锁施工，到站监控。"			值班干部："知道了。"
	10.登记	（25）填写《行车设备检查登记簿》。通知工务到站签认			
		（26）确认值班干部上岗			
五、再次开放信号	11.确认接车线	（27）确定接车线："×（次）接×道。"			再次确定机外停车列车本站接车线
		（28）通知信号员，助理值班员："×道封锁施工，×（次）变更×道通过。"并听取复诵	（9）复诵："×道封锁施工，×（次）变更×道通过。"填写占线板	（4）复诵："×道封锁施工，×（次）变更×道通过。"填写占线板	

续表

作业程序		作业方法与步骤			事项要求
程序	项目	车站值班员	信号员	助理值班员	
五、再次开放信号	11.确认接车线	（29）确认接车线路空闲，手指口呼："×道空闲。"			
		（30）通知信号员："停止影响进路的调车作业。"并听取报告	（10）复诵："停止影响进路的调车作业。"确认停止后报告："影响进路的调车作业已停止。"		
	12.开放信号	（31）通知信号员："×（次）×道通过，开放信号。"听取复诵无误后，命令："执行。"	（11）复诵："×（次）×道通过，开放信号。"		
		（32）确认信号正确，眼看手指应答："×道进、出站信号好（了）。"	（12）先开放出站信号，口呼"×道"，按下始端按钮；口呼"出站"，按下终端按钮。再开放进站信号，口呼"进站"，按下始端按钮，口呼"×道"，按下终端按钮。确认光带、信号显示正确，眼看手指口呼："信号好（了）。"		因非正线通过，需要分段开放出站、进站信号，组合成通过进路，并遵照由远及近开放信号的原则
六、接车	13.列车接近	（33）车机联控："×（次）进站信号好（了），变更×道通过。"	（13）通过信号操作终端监视信号及进路表示		
		（34）再次确认信号正确，眼看手指应答："×（次）接近。"	（14）接近语音提示，光带变红，再次确认信号开放正确，眼看手指口呼："×（次）接近。"		
		（35）通知助理值班员："×（次）接近，×道接车。"		（5）复诵："×（次）接近，×道接车。"	

甘泉铁路公司非正常接发列车指导程序

续表

作业程序		作业方法与步骤			事项要求
程序	项目	车站值班员	信号员	助理值班员	
六、接送列车	14. 接送列车		（15）通过信号操作终端监视进路、信号及列车进（出）站	（6）到企业规定地点接车。眼看手指出站信号，确认信号开放正确，口呼："×道出站信号好（了）。"	
七、列车通过	15. 列车通过			（7）监视列车进站，于列车尾部越过接车地点，确认列车尾部标志后返回	
		（36）应答："好（了）。"	（16）通过信号操作终端确认列车整列通过接车线，口呼："×（次）通过，×（站）区间空闲。"	（8）擦（划）掉占线板（簿）记载	使用计轴设备的，还应通过计轴设备确认区间空闲
		（37）通知接车站："×（站），×（次）（×点）×（分）通过。"并听取复诵	（17）擦（划）掉占线板（簿）记载		接车站："×（次）（×点）×（分）通过。"
		（38）填记或确认电子行车日志			不能使用电子行车日志时，填写纸质行车日志
	16. 报点	（39）通知发车站："×（次）（×点）×（分）到。"并听取复诵			发车站："×（次）（×点）×（分）到。"
		（40）计算机报点系统自动向列车调度员报点。不能自动报点时，向列车调度员报点："×（站）报点，×（次）（×点）×（分）通过。"			列车调度员："好（了）。"
	17. 接受到达通知	（41）复诵接车站到达通知："×（次）（×点）×（分）到。"	（18）确认区间空闲		接车站："×（次）（×点）×（分）到。"使用计轴设备的，还应通过计轴设备确认区间空闲
		（42）填记或确认电子行车日志			不能使用电子行车日志时，填写纸质行车日志

五、办好发车预告后全站停电发车（见表13）

表13 设备故障发车程序（五）

作业程序		作业方法与步骤				事项要求
程序	项目	车站值班员	信号员	助理值班员	扳道员	
一、发车预告	1.确认区间空闲	（1）确认列车运行计划，根据表示灯、行车日志及各种行车表示牌确认区间空闲（手指区间方向）："×（站）区间空闲。"				使用计轴设备的，还应通过计轴设备确认区间空闲
	2.发车预告	（2）向接车站发出："×（次）预告。"并听取同意的通知				接车站："同意×（次）预告。"
		（3）填记行车日志或确认电子行车日志				不能使用电子行车日志时，填写纸质行车日志
二、故障处理	3.确认设备故障	（4）确认故障，应答："知道了。"	（1）向车站值班员报告："信号操作终端停电。"			
		（5）通知助理值班员："信号操作终端停电，现场检查。"并听取复诵		（1）复诵："信号操作终端停电，现场检查。"		是否需要现场检查，按本站规定
		（6）听取报告后，应答："好（了）。"		（2）现场检查后报告："现场停电。"		
	4.报告	（7）向列车调度员报告："×（站）停电。"				列车调度员："知道了。"
		（8）向值班干部报告："车站停电，到站监控。"				值班干部："知道了。"
	5.通知登记	（9）通知电务、供电："电务、供电，×（站）停电。"				电务、供电："知道了。"
		（10）填写《行车设备检查登记簿》				
		（11）听取电务、供电报告后应答："好（了），到站签认。"并确认电务、供电签认	（2）揭挂停电表示牌			电务（供电）报告："属设备故障，暂时无法修复。"

作业程序		作业方法与步骤				事项要求
程序	项目	车站值班员	信号员	助理值班员	扳道员	
二、故障处理	6. 取消预告	（12）通知接车站取消预告："×（站），因我站设备故障，取消×（次）预告。"				接车站："同意取消×（次）预告。"
		（13）通知信号员："×（次）预告已取消。"并听取复诵，将取消时间记入行车日志	（3）复诵："×（次）预告已取消。"			
	7. 请求调度命令	（14）报告列车调度员："×（站）停电，电务报告属设备故障，暂时无法修复，现×站至×站间区间空闲，请求停止基本闭塞法，改按电话闭塞法行车的调度命令。"				列车调度员："调度命令×号，时间××，调度员×××，停用基本闭塞法改用电话闭塞法行车。"
		（15）复诵列车调度员的命令号码、姓名，填写《调度命令登记簿》				
		（16）通知信号员："揭挂闭塞机停用表示牌。"并确认表示牌揭挂正确	（4）复诵："揭挂闭塞机停用表示牌。"并正确及时揭挂			夜间应在进站信号机柱距钢轨顶面不低于 2 m 处加挂信号灯，向区间方面显示红色灯光
	8. 作业准备	（17）通知作业人员上岗。确认值班干部上岗				
三、办理区间闭塞手续	9. 确认区间空闲	（18）与接车站核对调度命令："×（站），停基改电的×号调度命令是否收到。"得到回答后，应答："好（了）。"				接车站："已收到。"
		（19）确认列车运行计划，根据行车日志及各种行车表示牌确认区间空闲（手指区间方向）："×（站）区间空闲。"				首列使用电话闭塞法时，核对由基本闭塞法改用电话闭塞法的调度命令
	10. 办理闭塞手续	（20）请求闭塞："×（次）闭塞。"				接车站："×号，（×点）×（分），同意×（次）闭塞。"

续表

作业程序		作业方法与步骤				事项要求
程序	项目	车站值班员	信号员	助理值班员	扳道员	
三、办理闭塞手续	10.办理闭塞手续	（21）复诵接车站发出的电话记录："×号，（×点）×（分），同意×（次）闭塞。"				
		（22）填记行车日志或确认电子行车日志				不能使用电子行车日志时，填写纸质行车日志
		（23）口呼："×（次）闭塞好（了）。"	（5）应答："×（次）闭塞好（了）。"			
		（24）通知信号员："揭挂区间占用表示牌。"并确认表示牌揭挂正确	（6）复诵："揭挂区间占用表示牌。"并揭挂			
四、准备进路	11.领取手摇把	（25）填写《手摇把使用登记簿》。通知电务："因停电，破封使用手摇把。"				电务："同意使用。"
		（26）破封取出手摇把1把				
		（27）通知扳道员："×号，×（次）×道待发，领取手摇把。"			（1）领取手摇把，填写《手摇把使用登记簿》，填写占线板	
	12.准备进路	（28）通知扳道员："×号，停止影响进路的调车作业。"并听取报告			（2）复诵："×号，停止影响进路的调车作业。"确认停止后报告："×号，影响进路的调车作业已停止。"	停止调车作业时，现场显示停车信号旗（灯）
		（29）通知扳道员："×号，×（次）×道发车，准备进路。"听取复诵无误后，命令："执行。"			（3）复诵："×号，×（次）×道发车，准备进路。"	车站值班员认为需办理变通进路时，一并通知
					（4）正确及时地准备进路，并将进路上的对向道岔及邻线上的防护道岔加锁	进路上的分动外锁闭道岔无论对向或顺向，均应对密贴尖轨、斥离尖轨和可动心轨加锁

作业程序		作业方法与步骤				事项要求
程序	项目	车站值班员	信号员	助理值班员	扳道员	
四、准备进路	12.准备进路	（30）听取扳道员报告后，应答："好（了）。"			（5）报告："×号，×道发车进路好（了）。"	
		（31）通知扳道员："×号，确认×道发车进路。"听取复诵无误后，命令："执行。"			（6）复诵："×号，确认×道发车进路。"	
		（32）听取扳道员报告，应答："好（了）。"			（7）再次确认正确，报告："×号，×道发车进路确认好（了）。"	
五、准备发车	13.办理凭证	（33）核对车次、区间、电话记录号码，填写路票、调度命令				双线正方向发车，电话记录号码为：首列为接车站承认的电话记录号码。首列以后的列车为前次发出的列车到达的电话记录号码。可按企业规定，由指定的助理值班员填写路票
		（34）与助理值班员核对路票、调度命令，核对正确后加盖站名印		（3）与值班员核对路票、调度命令		
		（35）通知助理值班员："发×道×（次）。"并听取复诵		（4）复诵："发×道×（次）。"		
	14.交付凭证			（5）与扳道员对道	（8）与助理值班员对道	
		（36）与司机核对路票、调度命令		（6）与司机核对路票、调度命令，确认正确后交付司机。向车站值班员报告："路票、调度命令已交付。"		使用调度命令无线传送系统传送行车凭证或使用列车无线调度通信设备向司机转达行车凭证时，无此项作业

续表

作业程序		作业方法与步骤				事项要求
程序	项目	车站值班员	信号员	助理值班员	扳道员	
五、准备发车	14. 交付凭证	（37）车机联控："×（次）×道发车进路好（了）。"				司机应答："×（次）×道发车进路好（了），司机明白。"
六、发车	15. 确认发车条件			（7）确认旅客上下、行包装卸和列检作业完了		
	16. 发车			（8）按规定站在适当地点显示发车信号，或使用列车无线调度通信设备（发车表示器）发车		由车站值班员使用列车无线调度通信设备发车时，应确认发车条件具备（或得到报告）
七、列车出发	17. 监视列车	（38）列车起动，及时通知接车站："×（次）（×点）×（分）开。"并听取复诵				车站值班员不能确认列车是否起动时，由助理值班员报告车站值班员
		（39）填记或确认电子行车日志	（9）监视列车，于列车尾部越过发车地点、确认列车尾部标志后返回	（9）监视列车，确认列车尾部标志，外方扳道员于列车尾部越过最外方道岔后返回		不能使用电子行车日志时，填写纸质行车日志
	18. 解锁进路	（40）应答："好（了）。"	（10）擦（划）掉占线板（簿）记载		（10）外方扳道员向车站值班员报告："×号，×（次）出站。"	
					（11）擦（划）掉占线板（簿）记载	

作业程序		作业方法与步骤				事项要求
程序	项目	车站值班员	信号员	助理值班员	扳道员	
七、列车出发	18.解锁进路	（41）通知扳道员："×号，解锁×进路。"			（12）复诵："×号，解锁×进路。"	
		（42）应答："好（了）。"			（13）将加锁的道岔解锁，报告车站值班员："×号，×进路解锁好（了）。"	连续使用道岔同一位置接发列车时除外。开通安全线及到发线的中岔及时恢复定位
	19.报点	（43）通过计算机报点系统向列车调度员报点。不能使用计算机报点系统时，向列车调度员报点："×（站）报点，×（次）（×点）×（分）开。"				列车调度员："好（了）。"
	20.接收到达通知	（44）复诵接车站列车到达电话记录："×号，×（次）（×点）×（分）到。"				接车站："×号，×（次）（×点）×（分）到。"
		（45）填记行车日志或确认电子行车日志				不能使用电子行车日志时，填写纸质行车日志
		（46）通知信号员："摘下区间占用表示牌。"并听取复诵	（7）复诵："摘下区间占用表示牌。"			
			（8）摘下区间占用表示牌			
八、设备恢复	21.设备恢复	（47）确认信号操作终端来电。应答："好（了）。"	（9）向车站值班员报告："信号操作终端来电。"			
		（48）听取电务（供电）报告设备正常后，要求签认，并确认签认				电务（供电）报告："设备恢复正常。"
						破封使用上电解锁按钮

作业程序		作业方法与步骤				事项要求
程序	项目	车站值班员	信号员	助理值班员	扳道员	
八、设备恢复	21. 设备恢复	（49）通知信号员："上电解锁。"	（10）复诵："上电解锁。"			当联锁设备能自动恢复正常显示时，无此项作业
		（50）确认信号操作终端显示，应答："好（了）。"填写《行车设备检查登记簿》	（11）确认站内全部作业停止，点击上电解锁按钮，输入口令。确认信号操作终端显示，报告车站值班员："上电解锁好（了）。"			记录使用后的计数器号码
	22. 恢复基本闭塞	（51）报告列车调度员："×（站），车站恢复供电。现×（站）至×（站）区间空闲，请求恢复基本闭塞法的调度命令。"	（12）摘下停电表示牌			列车调度员："调度命令×号，调度员×××，恢复基本闭塞法行车。"
		（52）复诵列车调度员的命令号码、姓名，填写《调度命令登记簿》，拟写调度命令				
		（53）通知信号员："摘下闭塞机停用表示牌。"并确认摘下	（13）复诵："摘下闭塞机停用表示牌。"并正确及时摘下			
		（54）接收手摇把。填写《手摇把使用登记簿》，通知电务："手摇把加封。"确认电务加封完毕	（14）摘下闭塞机停用表示牌		（14）将手摇把交给车站值班员："交回手摇把。"	电务加封

六、通过列车越过突然关闭的出站信号机后停车再开（见表14）

表14 设备故障发车程序（六）

作业程序		作业方法与步骤			事项要求
程序	项目	车站值班员	信号员	助理值班员	
一、接受预告	1. 确认区间空闲	（1）听取发车站预告，按列车运行计划核对车次、时刻、命令、指示。（必要时，与列车调度员联系）			发车站："×（次）预告。"
		（2）根据表示灯、行车日志及各种行车表示牌确认区间空闲（手指区间方向）："×（站）区间空闲。"			使用计轴设备的，还应通过计轴设备确认区间空闲
	2. 接受发车预告	（3）同意发车站预告："同意×（次）预告。"			同意列车预告后，按企业规定通知有关人员
		（4）填记行车日志或确认电子行车日志			不能使用电子行车日志时，填写纸质行车日志
		（5）确定接车线："×（次）接×道。"			
		（6）通知信号员、助理值班员："×（次）预告，×道通过。"并听取复诵	（1）复诵："×（次）预告，×道通过。"并填写占线板（簿）	（1）复诵："×（次）预告，×道通过。"并填写占线板（簿）	
	3. 听取开车通知	（7）复诵发车站开车通知："×（次）（×点）×（分）开。"			发车站："×（次）（×点）×（分）开。"
		（8）填记或确认电子行车日志中的发车站、发车时间和本站接车线			不能使用电子行车日志时，填写纸质行车日志
		（9）通知信号员、助理值班员："×（次）开过来（了）。"并听取复诵	（2）复诵："×（次）开过来（了）。"	（2）复诵："×（次）开过来（了）。"	
		（10）按企业规定通知有关人员			
二、发车预告	4. 确认区间空闲	（11）确认列车运行计划，根据表示灯、行车日志及各种行车表示牌确认区间空闲（手指区间方向）："×（站）区间空闲。"			使用计轴设备的，还应通过计轴设备确认区间空闲

作业程序		作业方法与步骤			事项要求
程序	项目	车站值班员	信号员	助理值班员	
二、发车预告	5. 发车预告	（12）向接车站发出："×（次）预告。"并听取同意的通知			接车站："同意×（次）预告。"
		（13）填记行车日志或确认电子行车日志			不能使用电子行车日志时，填写纸质车日志
三、开放信号	6. 确认接车线	（14）确认接车线路空闲，手指口呼："×道空闲。"			
		（15）通知信号员："停止影响进路的调车作业。"并听取报告	（3）复诵："停止影响进路的调车作业。"确认停止后报告："影响进路的调车作业已停止。"		
	7. 开放信号	（16）确认列车运行计划后，通知信号员："×（次）×道通过，开放信号。"听取复诵无误后，命令："执行。"	（4）复诵："×（次）×道通过，开放信号。"		车站值班员认为需指定延续进路或办理变通进路时，一并通知
		（17）确认信号正确应答："×道进、出站信号好（了）。"	（5）开放通过信号，口呼"进站"，按下始端按钮；口呼"出站"，按下终端按钮。确认光带、信号显示正确，口呼："信号好（了）。"		
			（6）通过信号操作终端监视信号及进路表示		
		（18）车机联控："×（次）×（站）×道通过。"			司机："×（次）×（站）通过。"
					司机："×（次）×（站）×道通过，司机明白。"

作业程序		作业方法与步骤			事项要求
程序	项目	车站值班员	信号员	助理值班员	
四、接车	8. 列车接近	（19）再次确认信号正确，眼看手指应答："×（次）接近。"	（7）接近语音提示（接近铃响）、光带（表示灯）变红，再次确认信号开放正确，口呼："×（次）接近。"		
		（20）通知助理值班员："×（次）接近，×道接车。"并听取复诵		（3）复诵："×（次）接近，×道接车。"	
	9. 接车		（8）通过信号操作终端监视进路、信号及列车进（出）站	（4）到企业规定地点接车。眼看手指出站信号，确认信号开放正确，口呼："×道出站信号好（了）。"	
		（21）列车全部进入接车线后，通知接车站："×（站），×（次）（×点）×（分）通过。"并听取复诵			
		（22）填记或确认电子行车日志			不能使用电子行车日志时，填写纸质行车日志
五、故障处理	10. 故障处理	（23）应答："知道了。"			司机报告："×（站），因出站信号机突然关闭，×（次）冒进出站信号机×米停车。"
		（24）通知助理值班员："×（次）冒进出站信号机×米停车。"通知邻站："×（次）冒进出站信号机停车。"		（5）复诵："×（次）冒进出站信号机×米停车。"	接车站应答："知道了。"
		（25）报告列车调度员："×（站），因×道×行出站信号机突然关闭，×（次）冒进出站信号机×米停车。"			列车调度员："知道了。"
		（26）报告值班干部："×（次）冒进出站信号机，到站监控。"			值班干部："知道了。"
		（27）通知电务："×（站）×道×行出站信号机故障。"			电务："知道了。"
		（28）填写《行车设备检查登记簿》			

作业程序		作业方法与步骤			事项要求
程序	项目	车站值班员	信号员	助理值班员	
五、故障处理	10.故障处理	（29）听取电务报告后应答："好（了），到站签认。"确认电务签认			电务报告："因设备瞬间故障，已恢复。"
		（30）报告列车调度员："×（站）×道×行出站信号机故障，电务报告因设备瞬间故障，已恢复。"			列车调度员："知道了。"
		（31）确认值班干部上岗			
		（32）询问司机："×（次）能否继续运行？"得到司机报告后应答："好（了）。"			司机："可以继续运行。"
		（33）通知信号员："确认×号道岔开通×道。"并听取复诵	（9）复诵："确认×号道岔开通×道。"		
		（34）应答："好（了）。"	（10）确认正确后，报告："×号道岔开通×道。"		
		（35）通知司机："×（次），按助理值班员指挥，退回至×道出站信号机内方。"			司机："退回至×道出站信号机内方，司机明白。"
		（36）通知助理值班员："×号道岔已开通×道，指挥×（次）退回至×道出站信号机内方。"并听取复诵		（6）复诵："指挥×（次）退回至×道出站信号机内方。"	指挥列车后退时，可使用平面无线调车设备或手信号
		（37）应答："好（了）。"		（7）指挥机车退回至×道出站信号机内方后，报告："×（次）已退回至×道。"	
	11.再次开放出站信号	（38）通知信号员："×（次）×道发车，开放信号。"听取复诵无误后，命令："执行。"	（11）复诵："×（次）×道发车，开放信号。"		
		（39）确认信号正确，眼看手指应答："×道出站信号（了）。"	（12）点击进路始端按钮，口呼"×道"。确认光带、信号显示正确，眼看手指口呼："信号好（了）。"		
			（13）通过信号操作终端监视进路、信号及列车出站		

作业程序		作业方法与步骤			事项要求
程序	项目	车站值班员	信号员	助理值班员	
五、 故障处理	11.再次开放出站信号	（40）车机联控："×（次）×道出站信号好（了）。"			司机："×（次）×道出站信号好（了），司机明白。"
六、 列车出发	12.发车	（41）通知助理值班员："发×道×（次）。"并听取复诵		（8）复诵："发×道×（次）。"	
				（9）按规定站在适当地点显示发车信号，或使用列车无线调度通信设备（发车表示器）发车	使用列车无线调度通信设备发车时，用语为："×（次）×道发车。"
		（42）通知接车站："×（次）×点再次起动。"			接车站复诵："×（次）×点再次起动。"
				（10）监视列车，于列车尾部越过发车地点、确认列车尾部标志后返回	
	13.报点	（43）通知发车站："×（次）（×点）×（分）到。"			
		（44）应答："好（了）。"	（14）通过信号操作终端确认列车整列出站，口呼："×（次）出站。"		
		（45）计算机报点系统自动向列车调度员报点。不能自动报点时，向列车调度员报点，"×（站）报点，×（次）（×点）×（分）通过，于×时×分再次起动。"	（15）擦（划）掉占线板（簿）记载		列车调度员："好（了）。"
	14.接受到达通知	（46）复诵接车站到达通知："×（次）（×点）×（分）到。"	（16）确认区间空闲		接车站："×（次）（×点）×（分）到。"使用计轴设备的，还应通过计轴设备确认区间空闲
		（47）填记或确认电子行车日志			不能使用电子行车日志时，填写纸质行车日志

此故障是出站信号机故障瞬间恢复后的处理办法，如果出站信号机故障暂时无法恢复，应比照出站信号机故障的处理流程办理，列车可不用退行至出站信号机内方后再开，可在停车处以路票作为凭证将列车发出。

第三部分　运行条件变化接发列车

列车运行条件发生变化主要有区间救援、分部运行、区间折返等。以上故障情况下接发列车，主要注意进入区间的凭证，并要确认区间的具体公里数，在向调度员汇报时要将具体地点及影响汇报清楚。

一、列车分部运行

通过列车在区间因故分部运行，前部列车到达后利用该本务机车挂取遗留车辆返回，接发列车程序如表 15 所示。

表 15　接发列车程序（一）

作业程序		作业方法与步骤			事项要求
程序	项目	车站值班员	信号员	助理值班员	
一、接受预告	1.确认区间空闲	（1）听取发车站预告，按列车运行计划核对车次、时刻、命令、指示。（必要时，与列车调度员联系）			发车站："×（次）预告。"
		（2）根据表示灯、行车日志及各种行车表示牌确认区间空闲（手指区间方向）："×（站）区间空闲。"			使用计轴设备的，还应通过计轴设备确认区间空闲
	2.接受发车站预告	（3）同意发车站预告："同意×（次）预告。"			
		（4）填记或确认电子行车日志			不能使用电子行车日志时，填写纸质行车日志
		（5）确定接车线："×（次）接×道。"			
		（6）通知信号员、助理值班员："×（次）预告，×道通过。"并听取复诵	（1）复诵："×（次）预告，×道通过。"并填写占线板（簿）	（1）复诵："×（次）预告，×道通过。"并填写占线板（簿）	

作业程序		作业方法与步骤			事项要求
程序	项目	车站值班员	信号员	助理值班员	
一、接受预告	3.听取开车通知	（7）复诵发车站开车通知："×（次）（×点）×（分）开。"			发车站："×（次）（×点）×（分）开。"
		（8）填记或确认电子行车日志中的发车站、发车时间和本站接车线			不能使用电子行车日志时，填写纸质行车日志
		（9）通知信号员、助理值班员："×（次）开过来（了）。"并听取复诵	（2）复诵："×（次）开过来（了）。"	（2）复诵："×（次）开过来（了）。"	
		（10）按企业规定通知有关人员			
二、发车预告	4.确认区间空闲	（11）确认列车运行计划，根据表示灯、行车日志及各种行车表示牌确认区间空闲（手指区间方向）："×（站）区间空闲。"			使用计轴设备的，还应通过计轴设备确认区间空闲
	5.发车预告	（12）向接车站发出："×（次）预告。"并听取同意的通知			接车站："同意×（次）预告。"
		（13）填记或确认电子行车日志			不能使用电子行车日志时，填写纸质行车日志
三、开放通过信号	6.确认接车线	（14）确认接车线路空闲，手指口呼："×道空闲。"			
		（15）通知信号员："停止影响进路的调车作业。"并听取报告	（3）复诵："停止影响进路的调车作业。"确认停止后报告："影响进路的调车作业已停止。"		
	7.开放信号	（16）确认列车运行计划后，通知信号员："×（次）×道通过，开放信号。"听取复诵无误后，命令："执行。"	（4）复诵："×（次）×道通过，开放信号。"		
		（17）确认信号正确，眼看手指应答："×道进、出站信号好（了）。"	（5）开放通过信号，口呼"进站"，按下始端按钮；口呼"出站"，按下终端按钮。确认光带、信号显示正确，眼看手指口呼："信号好（了）。"		
			（6）通过信号操作终端监视信号及进路表示		

作业程序		作业方法与步骤			事项要求
程序	项目	车站值班员	信号员	助理值班员	
四、接受分部运行报告	8.接受司机报告	（18）应答："知道了。"询问列车概况、尾号后通知司机："×（次）×（站）机外停车。"			司机报告："×（站），×（次）在×区间×公里×米处机后第×位后钩断裂，现分部运行。"
					司机："×（次）×（站）机外停车，司机明白。"
	9.取消进路	（19）通知信号员、助理值班员："取消×道通过进路。"并听取复诵	（7）复诵："取消×道通过进路。"	（3）复诵："取消×道通过进路。"并擦（划）掉占线板（簿）记载	
		（20）应答："好（了）。"	（8）先取消接车进路，点击总取消按钮，口呼"取消接车进路。"后取消发车进路，点击总取消按钮，口呼"取消取发车进路。"确认光带消失后报告："×道通过进路已取消。"并擦（划）掉占线板（簿）记载		
	10.报告	（21）报告列车调度员："×（站），×（次）在×区间×公里×米处机后第×位后钩断裂，列车概况×，现已分部运行。"			列车调度员："知道了。"
		（22）报告值班干部："×（次）分部运行，到站监控。"			值班干部："知道了。"
五、接入前部列车	11.确认接车线	（23）确定接车线："×（次）接×道。"			
		（24）通知信号员、助理值班员："×（次）分部运行，变更×道停车。"并听取复诵	（9）复诵："×（次）分部运行，变更×道停车。"填写占线板	（4）复诵："×（次）分部运行，变更×道停车。"填写占线板	
		（25）确认接车线路空闲，手指口呼："×道空闲。"			

作业程序		作业方法与步骤			事项要求
程序	项目	车站值班员	信号员	助理值班员	
五、接入前部列车	11.确认接车线	（26）通知信号员："停止影响进路的调车作业。"并听取报告	（10）复诵："停止影响进路的调车作业。"确认停止后报告："影响进路的调车作业已停止。"		
	12.开放信号	（27）通知信号员："×（次）×道停车，开放信号。"听取复诵无误后，命令："执行。"	（11）复诵："×（次）×道停车，开放信号。"		
		（28）确认信号正确，眼看手指应答："×道进站信号好（了）。"	（12）开放进站信号，口呼"进站"，按下始端按钮；口呼"×道"，按下终端按钮。确认光带、信号显示正确，眼看手指口呼："信号好（了）。"		
	13.列车接近	（29）车机联控："×（次）进站信号好（了），×道停车。"	（13）通过信号操作终端监视信号及进路表示		司机："×（次）进站信号好（了），×道停车司机明白。"
		（30）再次确认信号正确，眼看手指应答："×（次）接近。"	（14）接近语音提示（接近铃响），光带（表示灯）变红，再次确认信号开放正确，口呼："×（次）接近。"		
		（31）通知助理值班员："×（次）接近，×道接车，抄收司机手账，确认后钩断裂情况，确认列车尾号。"并听取复诵		（5）复诵："×（次）接近，×道接车，抄收司机手账，确认后钩断裂情况，确认列车尾号。"	
	14.接车			（6）到企业规定地点接车	
	15.列车到达		（15）通过信号操作终端监视进路、信号及列车进站	（7）监视列车进站。列车停妥，抄写司机手账，确认后钩断裂情况，报告车站值班员："尾号××××××，列车已停妥。"	

作业程序		作业方法与步骤			事项要求
程序	项目	车站值班员	信号员	助理值班员	
五、接入前部列车	15. 列车到达	（32）应答："好（了）。"	（16）通过信号操作终端确认列车进入接车线，口呼："×（次）前部××辆到达。"		
		（33）填记行车日志或确认电子行车日志			不能使用电子行车日志时，填写纸质行车日志
	16. 报点	（34）通知发车站："×（次）分部运行，（×点）×（分）前部×辆到达。"			发车站："知道（了）。"
		（35）向列车调度员报点："×（站）报点，×（次）（×点）×（分）前部×辆到达，请求列车分部运行的调度命令。"			列车调度员："调度命令×号，调度员×××，×（次）分部运行。"
六、发出救援列车	17. 作业准备	（36）复诵列车调度员的命令号码、姓名，填写《调度命令登记簿》			
		（37）确认值班干部上岗			
		（38）询问发车站："×（站），×（次）分部运行的调度命令是否收到。"收到回复后，应答："好（了）。"			发车站："已收到。"
		（39）通知信号员："×站×行揭挂区间封锁表示牌。"并确认揭挂正确	（17）复诵："×站×行揭挂区间封锁表示牌。"并在规定位置揭挂		
		（40）通知助理值班员："×道做好防溜措施，摘开本务机车。"并听取复诵		（8）复诵："×道做好防溜措施，摘开本务机车。"	
			（18）接到助理值班员的通知后，按规定登记（标示）	（9）做好防溜措施、摘开本务机车后，通知信号员	

作业程序		作业方法与步骤			事项要求
程序	项目	车站值班员	信号员	助理值班员	
六、发出救援列车	17.作业准备	（41）通知司机："×机车，调车作业计划：×道出北（南、西、东），进×道，接收调度命令。"并听取复诵			司机复诵："调车作业计划：×道出北（南、西、东），进×道，接收调度命令，司机明白。"
		（42）通知信号员："×道×机车出北（南、西、东），进×道。"听取复诵无误后，命令："执行。"	（19）复诵："×道×机车出北（南、西、东），进×道。"		
		（43）应答："好（了）。"	（20）按计划排列调车进路，机车进入指定股道后报告："×机车已进×道。"		
	18.准备发车进路	（44）通知信号员、助理值班员："调度命令×号，利用×道×机车开行×（次）救援列车挂取区间遗留车辆返回。"并听取复诵	（21）复诵："调度命令×号，利用×道×机车开行×（次）救援列车挂取区间遗留车辆返回。"并填写占线板（簿）	（10）复诵："调度命令×号，利用×道×机车开行×（次）救援列车挂取区间遗留车辆返回。"并填写占线板（簿）	
		（45）通知信号员："停止影响进路的调车作业。"并听取报告	（22）复诵："停止影响进路的调车作业。"确认停止后报告："影响进路的调车作业已停止。"		
		（46）通知信号员："×（次）×道发车，准备进路。"听取复诵无误后，命令："执行。"	（23）复诵："×（次）×道发车，准备进路。"		
		（47）确认进路正确，应答："×道发车进路好（了）。"	（24）单操道岔准备进路。对进路上的道岔及邻线防护道岔逐一执行"一看、二点击、三确认、四呼唤"制度；对进路上不该操纵的道岔，眼看手指口呼："×号定（反）位，加锁。"对需要操纵的道岔："×号定（反）位，操至反（定）位，加锁。"确认进路正确后口呼："×道发车进路好（了）。"		

作业程序		作业方法与步骤			事项要求
程序	项目	车站值班员	信号员	助理值班员	
六、发出救援列车	18. 准备发车进路	（48）通知信号员："确认×道发车进路。"听取复诵无误后，命令："执行。"	（25）复诵："确认×道发车进路。"		
		（49）应答："好（了）。"	（26）点击接通光带按钮，通过光带确认进路正确，进路道岔均已加锁。口呼："×道发车进路确认好（了）。"		
	19. 发车	（50）填写调度命令			
		（51）与助理值班员核对调度命令，核对正确后加盖站名印		（11）与车站值班员核对调度命令	
		（52）通知助理值班员："发×道×（次）。"并听取复诵		（12）复诵："发×道×（次）。"	
		（53）与司机核对调度命令		（13）与司机核对调度命令，确认正确后交付司机。向车站值班员报告："调度命令已交付。"	
		（54）车机联控："×（次）×道发车进路好（了）。"	（27）通过信号操作终端监视信号及进路表示		司机应答："×（次）×道发车进路好（了），司机明白。"
				（14）按规定站在适当地点显示发车信号，或使用列车无线调度通信设备（发车表示器）发车	由车站值班员使用列车无线调度通信设备发车时，应确认发车条件具备（或得到报告）
		（55）列车起动，通知邻站："×（次）（×点）×（分）开。"并听取复诵			邻站："×（次）（×点）×（分）开。"

续表

作业程序		作业方法与步骤			事项要求
程序	项目	车站值班员	信号员	助理值班员	
六、发出救援列车	19. 发车	（56）填记行车日志或确认电子行车日志		（15）监视列车，于列车尾部越过发车地点后返回	不能使用电子行车日志时，填写纸质行车日志
		（57）应答："好（了）。"	（28）通过信号操作终端确认列车整列出站，口呼："×（次）出站。"	（16）擦（划）掉占线板（簿）记载	
		（58）通知信号员："解锁×进路。"	（29）复诵："解锁×进路。"		
		（59）确认解锁后，应答："好。"	（30）将进路上加锁道岔解锁，报告车站值班员："×进路已解锁。"		
		（60）计算机报点系统自动向列车调度员报点。不能自动报点时，向列车调度员报点："×（站）报点，×（次）（×点）（×分）开。"	（31）擦（划）掉占线板（簿）记载		列车调度员报点："好（了）。"
七、救援列车返回	20. 确定接车线	（61）确定接车线："×（次）接×道。"			返回的救援列车接车线
		（62）通知信号员、助理值班员："×（次）×道停车。"并听取复诵	（32）复诵："×（次）×道停车。"并填写占线板（簿）	（17）复诵："×（次）×道停车。"并填写占线板（簿）	司机报告："×（次）已挂妥遗留车辆，现在返回。"
		（63）听取司机报告，应答："知道（了）。"			
		（64）通知信号员、助理值班员："×（次）开过来（了）。"并听取复诵	（33）复诵："×（次）开过来（了）。"	（18）复诵："×（次）开过来（了）。"	
		（65）按企业规定通知有关人员			
		（66）确认接车线路空闲，手指口呼："×道空闲。"			
		（67）通知信号员："停止影响进路的调车作业。"并听取报告	（34）复诵："停止影响进路的调车作业。"确认停止后报告："影响进路的调车作业已停止。"		

作业程序		作业方法与步骤			事项要求
程序	项目	车站值班员	信号员	助理值班员	
七、救援列车返回	21.开放信号	（68）通知信号员："×（次）×道停车，开放信号。"听取复诵无误后，命令："执行。"	（35）复诵："×（次）×道停车，开放信号。"		
		（69）确认信号正确，眼看手指应答："×道进站信号好（了）。"	（36）开放进站信号，口呼"进站"，按下始端按钮；口呼"×道"，按下终端按钮。确认光带、信号显示正确，眼看手指口呼："信号好（了）。"		
	22.列车接近	（70）车机联控："×（次）×（站）×道停车。"	（37）通过信号操作终端监视信号及进路表示		司机："×（站）×（次）接近。"
		（71）再次确认信号正确，眼看手指应答："×（次）接近。"	（38）接近语音提示，光带变红，再次确认信号开放正确，口呼："×（次）接近。"		
		（72）通知助理值班员："×（次）接近，×道接车。"并听取复诵		（19）复诵："×（次）接近，×道接车。"	
	23.接车			（20）到企业规定地点接车	
	24.列车到达		（39）通过信号操作终端监视进路、信号及列车进站	（21）监视列车进站，于列车停妥后返回	
		（73）应答："好（了）。"	（40）通过信号操作终端确认列车整列进入接车线，口呼："×（次）到达。"		
		（74）填记或确认电子行车日志			不能使用电子行车日志时，填写纸质行车日志
		（75）通知邻站："×（次）（×点）×（分）到，注意接收开通封锁区间的调度命令。"并听取复诵			邻站："×（次）（×点）×（分）到，注意接收开通封锁区间的调度命令。"

续表

作业程序		作业方法与步骤			事项要求
程序	项目	车站值班员	信号员	助理值班员	
七、救援列车返回	25.开通封锁区间	（76）向列车调度员报点："×（站）报点，×（次）（×点）×（分）到，现区间空闲，请求开通封锁区间的调度命令。"			列车调度员："调度命令×号，调度员×××，×（站）至×（站）间×行线区间开通。"
		（77）复诵列车调度员的命令号码、姓名，填写《调度命令登记簿》，拟写调度命令			调度命令格式见附件8
		（78）询问邻站："×（站），开通封锁区间的调度命令是否收到。"得到回答后应答："好（了）。"			邻站："已收到。"
		（79）通知信号员："摘下区间封锁表示牌，开通×（站）区间。"并听取复诵	（41）复诵："摘下区间封锁表示牌，开通×（站）区间。"		
		（80）向列车调度员申请："×（站）至×（站）区间空闲，请求使用故障清零的调度命令。"			列车调度员："调度命令×号，调度员×××，准许×（站）使用故障清零按钮。"
		（81）通知信号员："调度命令××号，使用故障清零按钮复原计轴设备。"并同时通知邻站	（42）复诵："调度命令××号，使用故障清零按钮复原计轴设备。"		邻站应答："知道了。"
			（43）与邻站同时操作后复原计轴设备		
八、取消预告	26.取消预告	（82）通知接车站取消预告："×（站），因×次分部运行，取消×（次）预告。"			邻站："同意取消×（次）预告。"
	（此项可提前）	（83）通知信号员："×（次）预告已取消。"并听取复诵	（44）复诵："×（次）预告已取消。"		在行车日志记事栏填写取消时间

上述列车为后钩断裂，可由前方站或后方站进行救援。如果为前钩断裂，只能由后方站进行救援。前钩还是后钩按列车运行方向定。如果为后方站救援，应等到前部车列到达前方站后，方可申请封锁区间的命令。

二、向封锁区间发出救援列车并返回

列车发出后，被迫停于区间，请求救援。开行救援单机救援后并返回的接发车程序如表 16 所示。

表 16　接发列车程序（二）

作业程序		作业方法与步骤			事项要求
程序	项目	车站值班员	信号员	助理值班员	
一、发车预告	1. 确认区间空闲	（1）确认列车运行计划，根据表示灯、行车日志及各种行车表示牌，确认区间空闲，手指区间方向："×（站）区间空闲。"			
	2. 发车预告	（2）向接车站发出："×（次）预告。"并听取同意的通知			接车站："同意×（次）预告。"
		（3）填记行车日志或确认电子行车日志			不能使用电子行车日志时，填写纸质行车日志
二、开放信号	3. 开放信号	（4）通知信号员："停止影响进路的调车作业。"并听取报告	（1）复诵："停止影响进路的调车作业。"确认停止后报告："影响进路的调车作业已停止。"		停止调车作业时机和通知、应答、报告用语，由企业规定。当无影响进路的调车作业时，此项作业省略
		（5）确认列车运行计划后，通知信号员："×（次）×道发车，开放信号。"听取复诵无误后，命令："执行。"	（2）复诵："×（次）×道发车，开放信号。"		
		（6）确认信号正确，眼看手指应答："×道出站信号好（了）。"	（3）开放出站信号，口呼"×道"，点击（按下）始端按钮。需要办理变通进路时，口呼"变通××"，点击（按下）相应变通按钮；口呼"出站"，点击（按下）终端按钮。确认光带（表示灯）、信号显示正确，口呼："信号好（了）。"		"变通××"中的"××"为按钮名称
三、发车	4. 准备发车	（7）车机联控："×（次）×道出站信号好（了）。"			司机："×（次）×道出站信号好（了），司机明白。"
		（8）通知助理值班员："发×道×（次）。"并听取复诵		（1）复诵："发×道×（次）。"	

续表

作业程序		作业方法与步骤			事项要求
程序	项目	车站值班员	信号员	助理值班员	
三、发车	5.确认发车条件		（4）通过信号操作终端监视信号及进路表示		
				（2）确认旅客上下、行包装卸和列检作业完了	
	6.发车			（3）按规定在适当地点显示发车信号，或使用列车无线调度通信设备（发车表示器）发车	由车站值班员使用列车无线调度通信设备发车时，应确认发车条件具备（或得到报告）
四、列车出发	7.监视列车	（9）列车起动，及时通知接车站："×（次）（×点）（×分）开。"并听取复诵			接车站："×（次）（×点）×（分）开。"
		（10）填记行车日志或确认电子行车日志		（4）监视列车，于列车尾部越过发车地点、确认列车尾部标志后返回	不能使用电子行车日志时，填写纸质行车日志
		（11）应答："好（了）。"	（5）通过信号操作终端确认列车整列出站，口呼："×（次）出站。"		
	8.报点	（12）计算机报点系统自动向列车调度员报点。不能自动报点时，向列车调度员报点："×（站）报点，×（次）（×点）×（分）开。"	（6）擦（划）掉占线板（簿）记载	（5）擦（划）掉占线板（簿）记载	
五、接受救援请求报告	9.接受救援请求	（13）应答："知道了。"询问机车号码、有无人员伤亡等情况			司机报告："因行人抢道，在×（站）至×（站）区间×公里×米处停于无电区，请求救援。"
	10.报告	（14）向列车调度员报告："×（次）在×（站）至×（站）区间×公里×米处停于无电区，请求救援，机车×（号）。"			列车调度员："知道了。"
		（15）向值班干部报告："×（次）在×（站）至×（站）区间×公里×米处停于无电区，请求救援，到站监控。"			值班干部："知道了。"

续表

作业程序		作业方法与步骤			事项要求
程序	项目	车站值班员	信号员	助理值班员	
五、接受救援请求报告	10.报告	(16)通知接车站："×（次）在区间×公里×米处停于无电区，请求救援。"			接车站："知道了。"
	11.请求调度命令	(17)报告列车调度员："请求封锁区间开行救援列车的调度命令。"			列车调度员："调度命令×号，调度员×××，×（站）至×（站）间×行区间封锁，利用在站×（号）单机进行救援。"
		(18)复诵："调度命令×号，调度员×××，×（站）至×（站）间×行线区间封锁，利用在站×（号）单机进行救援。"填写《调度命令登记簿》			
		(19)确认值班干部上岗			值班干部："已上岗。"
		(20)与接车站核对调度命令："×（站），封锁区间的调度命令是否收到。"得到回答后应答："好（了）。"			接车站："已收到。"
六、发出救援列车	12.作业准备	(21)通知信号员："×站×行揭挂区间封锁表示牌。"并听取复诵，确认揭挂正确	(7)复诵："×站×行揭挂区间封锁表示牌。"并揭挂		
		(22)通知信号员、助理值班员："调度命令×号，利用×道×（号）机车开行×（次）救援列车。"	(8)复诵："调度命令×号，利用×道×（号）机车开行×（次）救援列车。"并填写占线板（簿）	(6)复诵："调度命令×号，利用×道×（号）机车开行×（次）救援列车。"并填写占线板（簿）	
		(23)通知司机："调度命令×号，×（号）机车开行×（次）救援列车。"			司机："知道了。"
	13.准备进路	(24)通知信号员："停止影响进路的调车作业。"并听取报告	(9)复诵："停止影响进路的调车作业。"确认停止后报告："影响进路的调车作业已停止。"		
		(25)通知信号员："×（次）×道发车，准备进路。"听取复诵无误后，命令："执行。"	(10)复诵："×（次）×道发车，准备进路。"		

作业程序		作业方法与步骤			事项要求
程序	项目	车站值班员	信号员	助理值班员	
六、发出救援列车	13.准备进路	（26）确认进路正确，应答："×道发车进路好（了）。"	（11）单操道岔准备进路。对进路上的道岔及邻线防护道岔逐一执行"一看、二点击、三确认、四呼唤"制度。对进路上不该操纵的道岔，眼看手指口呼："×号定（反）位，加锁。"对需要操纵的道岔："×号定（反）位，操至反（定）位，加锁。"确认进路正确，口呼："×道发车进路好（了）。"		
		（27）通知信号员："确认×道发车进路。"听取复诵无误后，命令："执行。"	（12）复诵："确认×道发车进路。"		
		（28）应答："好（了）。"	（13）点击接通光带按钮，通过光带确认进路正确，进路中的道岔均已加锁。口呼："×道发车进路确认好（了）。"		
	14.办理凭证	（29）填写调度命令			
		（30）与助理值班员核对调度命令，核对正确后加盖站名印		（7）与车站值班员核对调度命令	
	15.交付凭证	（31）通知助理值班员："发×道×（次）。"并听取复诵		（8）复诵："发×道×（次）。"	
		（32）与司机核对调度命令	（14）通过信号操作终端监视进路表示	（9）与司机核对调度命令，确认正确后交付司机。向车站值班员报告："调度命令已交付"	
		（33）车机联控："×（次）×道发车进路好（了）。"			司机应答："×（次）×道发车进路好（了），司机明白。"

作业程序		作业方法与步骤			事项要求
程序	项目	车站值班员	信号员	助理值班员	
六、发出救援列车	16.发车			（10）按规定在适当地点显示发车信号，或使用列车无线调度通信设备（发车表示器）发车	由车站值班员使用列车无线调度通信设备发车时，应确认发车条件具备（或得到报告）
		（34）列车起动，通知邻站："×（次）（×点）×（分）开。"并听取复诵			邻站："×（次）（×点）×（分）开。"
		（35）通知区间被救援列车："救援单机已开出，注意联系。"			
	17.监视列车	（36）填记行车日志或确认电子行车日志			不能使用电子行车日志时，填写纸质行车日志
		（37）应答："好（了）。"	（15）通过信号操作终端确认列车整列出站，口呼："×（次）出站。"	（11）监视列车，于列车尾部越过发车地点后返回	
			（16）擦（划）掉占线板（簿）记载	（12）擦（划）掉占线板（簿）记载	
		（38）通知信号员："解锁×进路。"	（17）复诵："解锁×进路。"		
		（39）应答："好。"	（18）将进路中加锁道岔解锁，向车站值班员报告："×进路已解锁。"		
	18.报点	（40）计算机报点系统自动向列车调度员报点。不能自动报点时,向列车调度员报点："×（站）报点，×（次）（×点）×（分）开。"			列车调度员："好（了）。"
七、救援列车返回	19.确认接车线	（41）确定接车线："×（次）接×道。"			
		（42）通知信号员、助理值班员："×（次）×道停车。"并听取复诵	（19）复诵："×（次）×道停车。"并填写占线板（簿）	（13）复诵："×（次）×道停车。"并填写占线板（簿）	
		（43）听取司机报告，应答："知道了。"			司机报告："×（次）救援完毕，现在返回。"
		（44）通知信号员、助理值班员："×（次）开过来（了）。"并听取复诵	（20）复诵："×（次）开过来（了）。"	（14）复诵："×（次）开过来（了）。"	

作业程序		作业方法与步骤			事项要求
程序	项目	车站值班员	信号员	助理值班员	
七、救援列车返回	19.确认接车线	（45）按企业规定通知有关人员			
		（46）确认接车线路空闲，手指口呼："×道空闲。"			
		（47）通知信号员："停止影响进路的调车作业。"并听取报告	（21）复诵："停止影响进路的调车作业。"确认停止后报告："影响进路的调车作业已停止。"		
	20.开放信号	（48）通知信号员："×（次）×道停车，开放信号。"听取复诵无误后，命令："执行。"	（22）复诵："×（次）×道停车，开放信号。"		
		（49）确认信号正确，眼看手指应答："×道进站信号好（了）。"	（23）开放进站信号，口呼"进站"，按下始端按钮；口呼"×道"，按下终端按钮。确认光带、信号显示正确，眼看手指口呼："信号好（了）。"		
	21.列车接近	（50）车机联控："×（次）×（站）×道停车。"	（24）通过信号操作终端监视信号及进路表示		司机："×（站）×（次）接近。"
		（51）再次确认信号正确，眼看手指应答："×（次）接近。"	（25）接近语音提示，光带变红，再次确认信号开放正确，眼看手指口呼："×（次）接近。"		
		（52）通知助理值班员："×（次）接近，×道接车。"并听取复诵		（15）复诵："×（次）接近，×道接车。"	
	22.接车			（16）到企业规定地点接车	
			（26）通过信号操作终端监视进路、信号及列车进站	（17）监视列车进站，于列车停妥后返回	
	23.列车到达	（53）应答："好（了）。"	（27）通过信号操作终端确认列车整列进入接车线，口呼："×（次）到达。"		

续表

作业程序		作业方法与步骤			事项要求
程序	项目	车站值班员	信号员	助理值班员	
七、救援列车返回	23.列车到达	（54）填记行车日志或确认电子行车日志			不能使用电子行车日志时，填写纸质行车日志
		（55）通知邻站："×（次）（×点）×（分）到。"并听取复诵			邻站："×（次）（×点）（×分）到。"
		（56）计算机报点系统自动向列车调度员报点。不能自动报点时，向列车调度员报点："×（站）报点，×（次）（×点）（×分）到。"			列车调度员："好（了）。"
八、开通封锁区间	24.接受到达通知	（57）复诵接车站到达通知："×（次）（×点）×（分）到，注意接收开通封锁区间的调度命令。"	（28）确认计轴设备清零		接车站："×（次）（×点）（×分）到，注意接收开通封锁区间的调度命令。"
		（58）填记或确认电子行车日志			不能使用电子行车日志时，填写纸质行车日志
	25.开通封锁区间	（59）报告列车调度员："×（站）至×（站）区间空闲，请求开通封锁区间的调度命令。"			列车调度员："调度命令×号，调度员×××，×（站）至×（站）间×行线区间开通。"
		（60）复诵列车调度员的命令号码、姓名，填写《调度命令登记簿》，拟写调度命令			
		（61）询问邻站："×（站），开通区间的调度命令是否收到。"得到回答后应答："好（了）。"			邻站："已收到。"
		（62）通知信号员："摘下区间封锁表示牌。"	（29）复诵："摘下区间封锁表示牌。"		
			（30）摘下区间占用表示牌		

　　上述故障为列车进入无电区请求救援。其他各类原因引起的救援，均可参照此流程办理。救援列车由发方站出发，将列车推至有电区后返回后方站。当需全列救援退行至发车站时应注意，区间应在使用计轴清零按钮复原计轴设备后，方可申请开通封锁区间的调度命令。机车司机汇报的救援地点，一般为机车对应的正线里程，救援列车如由后方站出发，应根据该列车换长与对应里程进行相加或相减，确保救援列车能掌握防护里程；如由前方站救援，按机车司机汇报里程计算即可。

附件　常用调度命令格式

附件1　引导手接车调度命令格式

调　度　命　令

20＿＿年＿＿月＿＿日＿＿时＿＿分　　　　　　　　　　第＿＿＿＿＿号

受令处所		调度员姓名	
内　容	根据＿＿＿＿＿＿站报告，因＿＿＿＿＿站进站（接车进路）信号机故障，自接令时（＿＿时＿＿分）起，＿＿＿＿次（＿＿＿＿行）列车凭引导手信号运行。		

（规格 110 mm×160 mm）　　　受令车站＿＿＿＿＿　　　车站值班员＿＿＿＿＿

附件2　使用复零按钮办理计轴复零调度命令格式

调　度　命　令

20＿＿年＿＿月＿＿日＿＿时＿＿分　　　　　　　　　　第＿＿＿＿＿号

受令处所		调度员姓名	
内　容	根据＿＿＿站申请，现查明＿＿＿站至＿＿＿站间＿＿＿行线区间空闲，准许两站使用计轴复零按钮办理计轴设备复零。		

（规格 110 mm×160 mm）　　　受令车站＿＿＿＿＿　　　车站值班员＿＿＿＿＿

附件 3　停用基本闭塞法改用电话闭塞法调度命令格式

调 度 命 令

20＿＿年＿＿月＿＿日＿＿时＿＿分　　　　　　　　　　　第＿＿＿＿＿号

受令处所		调度员姓名	
内　容	自接令时（＿＿＿＿＿次列车到＿＿＿＿站）起，＿＿＿＿站至＿＿＿＿站间＿＿行线停用基本闭塞法，改用电话闭塞法行车。		

（规格 110 mm×160 mm）　　　受令车站＿＿＿＿＿　　　车站值班员＿＿＿＿＿

附件 4　恢复基本闭塞法调度命令格式

调 度 命 令

20＿＿年＿＿月＿＿日＿＿时＿＿分　　　　　　　　　　　第＿＿＿＿＿号

受令处所		调度员姓名	
内　容	自接令时（＿＿＿＿＿次列车到＿＿＿＿站）起，＿＿＿＿站至＿＿＿＿站间＿＿行线，恢复基本闭塞法行车。		

（规格 110 mm×160 mm）　　　受令车站＿＿＿＿＿　　　车站值班员＿＿＿＿＿

附件 5　站内线路封锁施工调度命令格式

调　度　命　令

20____年____月____日____时____分　　　　　　　　　　　第_____号

受令处所		调度员姓名	
内　容	_____站_____道（_____号道岔、信号、设备）因_____，自接令时（____时____分）起至____时____分（另有通知时）止封锁施工（停用）。		

（规格 110 mm×160 mm）　　　受令车站_____　　　车站值班员_____

附件 6　站内线路封锁施工开通调度命令格式

调　度　命　令

20____年____月____日____时____分　　　　　　　　　　　第_____号

受令处所		调度员姓名	
内　容	根据_____站报告，_____站_____道（_____号道岔、信号、设备）施工完毕，自接令时起开通（恢复）使用。		

（规格 110 mm×160 mm）　　　受令车站_____　　　车站值班员_____

附件7　列车分部运行调度命令格式

调　度　命　令

20＿＿＿年＿＿＿月＿＿＿日＿＿＿时＿＿＿分　　　　　　　　　第＿＿＿＿＿＿号

受令处所		调度员姓名	
内　容	根据＿＿＿＿＿站报告，＿＿＿＿＿次列车因＿＿＿＿＿＿＿＿，自接令时起＿＿＿＿＿＿＿站至＿＿＿＿站间＿＿＿＿＿行线区间封锁。 准许＿＿＿＿＿＿站利用＿＿＿＿＿机车开行＿＿＿＿＿＿次列车＿＿＿＿＿进入封锁区间＿＿＿＿km＿＿＿＿m处挂取遗留车辆，将＿＿＿＿＿＿＿次列车推进（拉回）至＿＿＿＿＿＿＿＿站（返回开＿＿＿＿＿次）。		

（规格 110 mm×160 mm）　　　　受令车站＿＿＿＿＿＿＿＿　　　　车站值班员＿＿＿＿＿＿＿＿

附件8　开行救援单机调度命令格式

调　度　命　令

20＿＿＿年＿＿＿月＿＿＿日＿＿＿时＿＿＿分　　　　　　　　　第＿＿＿＿＿＿号

受令处所		调度员姓名	
内　容	（自接令时起，＿＿＿＿＿站至＿＿＿＿站间＿＿＿＿＿行线区间封锁。） 准许＿＿＿＿＿＿站（利用＿＿＿＿＿机车）开＿＿＿＿＿次列车，进入＿＿＿站至＿＿＿＿站间＿＿＿＿＿行线封锁区间＿＿＿＿km＿＿＿＿m处进行救援，将＿＿＿＿＿次列车推进（拉回）至＿＿＿＿＿站（，返回开＿＿＿＿＿次列车）（，按救援负责人的指挥办理）。		

（规格 110 mm×160 mm）　　　　受令车站＿＿＿＿＿＿＿＿　　　　车站值班员＿＿＿＿＿＿＿＿

附件9　开通封锁区间调度命令格式

调　度　命　令

20＿＿年＿＿月＿＿日＿＿时＿＿分　　　　　第＿＿＿＿号

受令处所		调度员姓名	
内　容	根据＿＿＿＿站报告，＿＿＿站至＿＿＿站间＿＿行线＿＿＿＿＿＿完毕,区间已空闲,自接令时起区间开通。		

（规格 110 mm×160 mm）　　受令车站＿＿＿＿＿　　车站值班员＿＿＿＿＿

附件10　车站无空闲线路,需接入为排除故障、事故救援、疏解车辆等所需要的救援列车、不挂车的单机、动车及重型轨道车调度命令格式

调　度　命　令

20＿＿年＿＿月＿＿日＿＿时＿＿分　　　　　第＿＿＿＿号

受令处所		调度员姓名	
内　容	因＿＿＿站无空闲线路,准许＿＿＿次列车在＿＿＿站外停车,按调车方式接入站内＿＿＿道。		

（规格 110 mm×160 mm）　　受令车站＿＿＿＿＿　　车站值班员＿＿＿＿＿

附件 11 站内或区间临时限速调度命令格式

调 度 命 令

20____年____月____日____时____分   第_____号

受令处所		调度员姓名	
内　容	自接令时（____时____分）起至另有命令时（___时___分）止，___站至____站间____行线____km____m 至____km____m 处限速____km/h。 ____次列车运行至___站至_____站间___行线___km_____m 至_____km____m 处限速____km/h。		

（规格 110 mm×160 mm）　　受令车站_____　　车站值班员_____